Manfred Elsässer • In manelsischen Gefilden

Manfred Elsässer

In manelsischen Gefilden

Gedichte

FRIELING

Bibliografische Information der Deutschen Nationalbibliothek
Die Deutsche Nationalbibliothek verzeichnet diese Publikation in der Deutschen Nationalbibliografie;
detaillierte bibliografische Daten sind im Internet über http://dnb.d-nb.de abrufbar.

Eine Marke der Frieling & Huffmann GmbH & Co. KG
Rheinstraße 46, 12161 Berlin
Telefon: 0 30 / 76 69 99-0
www.frieling.de

ISBN 978-3-8280-3312-2
1. Auflage 2016
Umschlaggestaltung: Michael Reichmuh

Inhalt

Ein poetisches Dankeschön

Wenn Gedanken unter Zwängen
sich dann zur Gestaltung drängen,
kann man nicht darauf verzichten,
sie zu machen zu Gedichten,
um sie dann noch aufzuschreiben,
dass sie auch erhalten bleiben.
Von Frau Mahlmeister, der lieben,
wurden sie dann neu geschrieben,
per Computer, so wie heute
das wohl tun die meisten Leute.
Hat sich ein Verlag gefunden,
der der Poesie verbunden,
wird man ihm die Verse senden,
um zum Buch sie zu vollenden,
wenn dort die Lektoren meinen:
Es ist gut, wenn sie erscheinen.
Und sie wurden aufgenommen.
So ist es dazu gekommen,
dass auch dieses Buch erschienen.
Möge es dem Guten dienen!

Vorwort zum ersten Gedicht

Frohgemut sei jetzt begonnen,
allen, die mir wohlgesonnen,
jetzt in meinen alten Tagen
herzlich „Dankeschön“ zu sagen.

Doch weil es soll recht gelingen,
in die Verse einzudringen,
sei schon für des Buches Titel
dies Gedicht das rechte Mittel

In manelsischen Gefilden

In manelsischen Gefilden
will man Geist, Herz, Seele bilden,
will bei Menschen durch Belehren
ihre Kenntnisse vermehren,
dass sie bei den Lebensfragen
stets das Rechte tun und sagen,
will gewiss auch unterhalten
durch poetisches Gestalten,
will in Versen auch berichten
von besonderen Geschichten,
die zu ganz verschied'nen Zeiten
uns das Leben kann bereiten,
will auch Menschen fröhlich machen,
dass sie öfters wieder lachen
und vielleicht auch daran denken,
wie sie andern Freude schenken,
doch man will vor allen Dingen
Menschen Jesus nahebringen,
sie zu ihrem Heiland führen,
dass sie Seine Gnade spüren,
der uns Menschen will erretten
aus der Sünde Todesketten.
Darum ward Er Mensch auf Erden,
um der Retter uns zu werden,
ließ am Kreuz für uns sein Leben,
dass Vergebung es kann geben
für der Sünde großen Schaden,
den wir Menschen alle taten;
Und weil Er dann auferstanden,
ist die Hoffnung uns vorhanden,
dass nach tödlichem Geschehen
so wie Er wir auferstehen

und die Ewigkeit erreichen,
wo wir dann den Engeln gleichen.
So ist dieses Buch erschienen,
das dem Glauben recht soll dienen.
Was durch Christus ist geschehen,,
soll im Mittelpunkt hier stehen,
weil durch Seine Gnadengaben
wir das Heil im Glauben haben.

Kategorie 1: Im Umgang mit anderen Menschen

Die Chorfeier

Als am viertletzten Tag im Jahr
vom Paulus-Chor die Feier war,
da trug Frau Stegmann mit Humor,
was so der Chor geleistet, vor;
wobei zu dem, was da geschah
man wunderschöne Bilder sah.
Doch dachte ich mit einem Mal
an die Frau Leni Riefenstahl.

Eine Nachbarin

Uns Menschen tut das täglich Brot
auf dieser Welt zum Leben Not.
Dazu gehört nach Luthers Sinn
auch eine liebe Nachbarin.

Wenn darum man in einer Stadt
im Haus so eine liebe hat,
dann sei im Herzen jederzeit
ein Mensch von großer Dankbarkeit.

Frau Kautzsch gewidmet

Auf einer schönen Couch zu liegen,
das machte stets mir großen Spaß.
Doch größer war stets mein Vergnügen,
wenn neben der Frau Kautzsch ich saß.

Frau Müller und der Paulus-Chor

Was ist wohl der schönste Knüller,
der im Paulus-Chor geschieht?
Wenn ganz liebevoll Frau Müller
mir in meine Augen sieht.

Adelheid und ich

Hat mich in dieser Welt erbost
der Mensch Schlechtigkeit und List,
dann fand bei Adelheid ich Trost,
die lieb zu mir gewesen ist.

Frau K. A.

1. Ich kann niveauvoll und auch scherzend mit ihr sprechen.
Auch zeigt Verständnis sie bei mir für ein Gedicht.
Jedoch den Panzer vor dem Herzen ihr zu brechen,
gelingt mir dann bei dieser Dame nicht.

2. Mit diesem Zustand gebe ich mich nun zufrieden.
Denn schon seit langem stelle ich mit Freude fest:
mir ist auch Freundschaft mit manch anderer beschieden,
die auch ihr Herz mal ehrlich zu mir sprechen lässt.

Warum ich an C. P. festhalte

Ich kann schwer den Kontakt beenden,
wenn andere Signale senden,
dass sie es doch ganz gern sehen,
wenn andre Leute sie verstehen.

Zwei Lebenseinstellungen

Es gibt wohl Menschen, welche meinen,
sie müssten immer so erscheinen,
dass alle Menschen sie verehren,
als ob sie ohne Fehler wären,
weil immer nur mit ihren Gaben
sie Herrliches geleistet haben
und es in ihrem ganzen Leben
bestimmte Dinge nie gegeben,
von denen man wohl muss bekennen,
dass es Versagen ist zu nennen.
Doch dürfen Freunde solche Flecken
in ihrem Leben nie entdecken.
Man findet schlimm, wenn andre merken:
Ich hab' da etwas zu verbergen.
Drum dürfen sie bei manchen Fällen
bestimmte Fragen niemals stellen.
Und wenn sie dennoch es mal wagen,
was man nicht möchte, doch zu fragen,
dann muss man halt mit Drohgebärden
erreichen, dass sie ruhig werden.
Und wenn sie nicht sich danach richten,
da muss man dann darauf verzichten,
um ihrer dummen Fragen wegen
die Freundschaft weiterhin zu pflegen.
Ich finde vielmehr dieses wichtig,
dass über alles man kann sprechen,
auch über Schuld und über Schwächen,
dass man, anstatt es zu verschweigen,
man darin kann die Liebe zeigen,
dass man zum anderen will stehen,
egal, was irgendwann geschehen.

Es ist doch herrlich zu erleben:
Es ist mir alle Schuld vergeben …
und wird mal irgendwas gefunden,
dann ist als Schuld das längst verschwunden.
Man kann trotz allem mit Vertrauen
in Freundschaft auf den andern bauen.

Enttäuschtes Vertrauen

Ich hatte zu dem Mann Vertrauen
und ließ auf das Geschäft mich ein.
Man hat mich übers Ohr gehauen.
Das soll mir eine Lehre sein.

Frau P.

Ich habe es bei ihr verschissen.
Das machte sie mir neulich klar.
Und dabei wollte ich nur wissen,
was damals mit ihr wirklich war.

Vom Segen des Redens

Das Nötige nicht zu besprechen,
das kann sich manchmal furchtbar rächen.
Es ließe sich so manches klären,
wenn wir vertrauensvoller wären.

Dass mehr es kommt zu solchem Schritte,
hab ich an alle eine Bitte:
Dass jeder Mensch barmherzig werde,
so wie es einstmals Jesus lehrte.

Diakonisse A.

Mir wurde dann auf einmal klar,
warum ich ihr verbunden bin;
weil als Student ich Ober war,
sie aber war mal Oberin.

Drei frühere Klassenkameradinnen und ich

Christine

Vor's Herz hat sie ein Schloss gehängt,
dass niemand mehr hinein sich drängt.
Doch ist es falsch, wenn sie dann meint:
Wer das versucht, ist stets ihr Feind.

Karin

Auch sie will für ihr Herz nur Ruh'.
Drum hält die Tür zu ihm sie zu.
Jedoch erlaubt sie dann und wann,
dass durch ein Loch man illern kann.

Adelheid

Schwer ist der Weg zur Herzenstür.
Doch öffnet ‚s Fenster sie dafür.
An ihren Augen man es sieht,
was tief im Herzen drin geschieht.

Ich

Wenn ich bei jemand Liebe spür',
dann öffne ich die Herzenstür
und biete gleichzeitig mit an,
dass man sie auch auftun kann.

Bittere Erkenntnis

Erst fand sie diesen Mann ganz toll,
weil sie ihm fest vertraute.
Dann hatte sie die Schnauze voll,
nachdem sie ihn durchschaute.

Notwendigkeit des Frauenlobes

Wenn Männer es nicht richtig schätzen,
was eine Frau ihn liebend tut,
dann kann das furchtbar schwer verletzen.
Es wird vielleicht aus Liebe Wut.

Entweicht dann aller Seelenfrieden,
weil Hass die Oberhand gewinnt,
dann kann sie Rachepläne schmieden,
die oftmals sehr gefährlich sind.

Und will sie sich auch nur verstecken,
weil doch so schlecht ist diese Welt,
dann wird sie dieses bald entdecken:
Auch das ist nichts, was mir gefällt.

Darum soll man beim Namen nennen,
wird etwas Gutes uns zuteil.
Und hinterher wird man erkennen:
Ein solches Lob wird oft zum Heil.

Einer Ehemaligen gewidmet

So manche möchten jetzt zerstören,
was an Belastendem vorhanden,
weil sie zu denen doch gehören,
die auf der falschen Seite standen.

Es ist gewiss nicht ein Vergnügen,
wenn manche schlecht von einem sprechen.
Doch darf man sich nicht selbst belügen.
Wenn man's versucht, wird sich das rächen.

Ich möchte von mir selbst erwähnen,
dass ich nicht schuldlos bin geblieben;
und dennoch ist in mir das Sehnen,
dass mich die andern Menschen lieben.

Und ich bin auch darunter leidend,
wenn andre Schlechtes von mir sagen.
Jedoch ist dies für mich entscheidend,
dass Christus meine Schuld getragen.

Ist's mir als Sünder so ergangen,
dass Gottes Gunst ich konnt' erleben,
so will ich das, was ich empfangen,
an andre Sünder weitergeben.

Im Krankenhaus

Als man ins Krankenhaus mich legte,
ins Zimmer in ein Krankenbett,
da gab es eine, die mich pflegte,
die war zu mir besonders nett.

Gab es mal irgendwelche Fälle,
wo Hilfeleistung brauchte ich,
war schnell sie hilfsbereit zur Stelle,
was nötig, tat sie gern für mich.

Doch als ich meinen Blick mal wandte
auf das, was unter ihrem Kinn,
ich mit Bewunderung erkannte:
Sie ist erst Schwesternschülerin.

Obwohl ich Schmeicheleien hasse,
so teilte ich der Leitung mit:
Es war für mich von großer Klasse
die junge Dame namens Schmidt.

Jahrzehntelange Freundschaft

Ich kenne sie seit langem schon,
seit nunmehr sechzig Jahren
und hab von ihr manch lieben Ton
und gute Tat erfahren.

So wurde, weil sie so viel gab,
sie nur zu einer Zierde,
weil das, was ich empfangen hab'
zum Dichten inspirierte.

Gesprächssehnsucht

Gespräche sind von großem Wert,
wenn man Barmherzigkeit erfährt,
wenn man es bei dem andern wagt,
dass man auch solche Dinge sagt,
die mal der andre irgendwann
auch gegen mich verwenden kann,
wobei man das Vertrauen hat,
so etwas findet niemals statt,
weil beiden es nur darum geht,
dass man sich besser dann versteht,
dass man sich wirksamer setzt ein,
um für den andern da zu sein.
Und dies ist auch wohl mit der Grund,
dass Gott uns Ohren gab und Mund.

Schein und Wirklichkeit

Die Menschen wollen, dass man sieht
die äußere Fassade;
doch nicht, was in dem Herz geschieht.
Das finde ich sehr schade.

Ich bin sehr froh, ein Mensch zu sein
mit Stärken und mit Schwächen
und lade liebe Menschen ein,
mag über alles sprechen.

Ich weiß, dass es auch Sünde gibt
in jedem Menschenleben,
doch wo man sich erbarmend liebt,
da wird die Schuld vergeben.

Einer ehemaligen Sekretärin gewidmet

Von Frauen, die ich kenne, schienen
mir die von allergrößtem Wert,
die gern den andern Menschen dienen,
so wie es Jesus uns gelehrt.

Drum soll man solche Frauen ehren,
weil sehr durch sie die Welt gewinnt,
und nicht mit ihnen tun, als wären
sie Menschen, die von gestern sind.

Doch sollte man auch solche schützen
vor dem, den leider auch es gibt,
der nur drauf aus ist, auszunützen,
weil letztlich nur er selbst sich liebt.

Im Alter

Ich bin inzwischen nun ein Greis.
Mich machen Frauen nicht mehr heiß.
Doch eine, die tief menschlich fühlt,
die findet mich nicht abgekühlt.

Korrigiertes Fehlverhalten

Vor langer Zeit befand ich mal
mich hart in einem Streite.
Ein Freund von mir war erst neutral,
trat dann auf meine Seite.

Durchschaut hat er nicht gleich das Spiel,
das man mit mir getrieben.
Der Lügen waren es zuviel.
Man tat sie nach Belieben.

Doch als die Bosheit er erkannt –
die Wahrheit ließ ihn schauern –,
da ist er bald zu mir gerannt,
um ehrlich zu bedauern,

dass er nicht gleich von Anfang an
die Wahrheit voll durchschaute
und dem, der so gut lügen kann,
doch leider auch vertraute.

Und dies Verhalten fand ich gut,
weil Ehrlichkeit ich spürte.
Ich wünsche, dass jeder tut,
den einstmals man verführte.

An meine Kollegen im Ruhestand

Denkt nicht, dass man euch deshalb achtet,
weil ihr auch manches Gute machtet.
Man schätzt nur an euch Emeriten:
Man kann euch um Vertretung bitten.
Wer aus Verlegenheit erlöste,
der ist für kurze Zeit der Größte.
Doch helfen gern wir den Aktiven,
wenn sie zu einem Dienst uns riefen.

Schaden macht klug

Als Heinz und Heidi einst vor Jahren
ein junges Ehepaar noch waren
und sie mit Hilfe von Verwandten
ein Auto schon ihr Eigen nannten,
in dem sie gern mal öfter saßen,
um dort die Gegend abzugrasen,
da ist auf einer ihrer Touren,
die beide sie gemeinsam fuhren
einmal das Folgende geschehen,
das ich jetzt bitte zu verstehen:
Die Liebe, die die Frau empfunden,
hat einmal so sie überwunden,
dass, als ihr lieber Ehegatte
die Hände an dem Lenkrad hatte,
sie nicht es konnte unterlassen,
ihn irgendwo mal anzufassen.
Und als er dieses dann verspürte,
die Liebe ihn dazu verführte,
mal kräftig seine Frau zu küssen,
obwohl er hätte wissen müssen,
dass immer bei dem Autofahren
Gefahren zu beachten waren.
Doch weil er daran gar nicht dachte,
es plötzlich in dem Auto krachte,
weil da ein anderes gekommen,
dem er die Vorfahrt hat genommen.
So ist in einen großen Schaden
er schuldhaft da hineingeraten
und musste unter großen Qualen
den ganzen Schaden dann bezahlen.

Für seine Frau war das die Lehre.
Sie kam ihm nie mehr in die Quere,
wenn sie ihn an dem Lenkrad wusste,
wo er sich konzentrieren musste.

Vor Herrn N.'s Geburtstag

Wenn Sie nun bald Geburtstag haben,
dann komme nicht ich zu Besuch;
Jedoch als beste aller Gaben
erhalten Sie von mir dies Buch.

Und wenn Sie durchgelesen,
dann ist Ihnen viel besser klar
warum ich damals so gewesen,
wie ich zu andern Leuten war.

An Frau C.

Du lebst in einem Schneckenhaus.
Das hat wohl seine Gründe.
Ich holte gern Dich da heraus,
wobei ich dies verkünde:
Wenn irgendjemand Dich verdammt,
dann soll er dies bedenken:
Wir sind doch Sünder allesamt –
man soll Erbarmen schenken.

Liebe im Alter

Wie schön, wenn es dir widerfährt,
dass dieses es noch heute gibt:
Ich bin nicht mehr begehrenswert
und werde doch noch echt geliebt.

Männer, Frauen und Logik

Den Menschen ist für's Erdenleben
auch Hirn und so Vernunft gegeben,
doch ist bei Männern und bei Frauen
da auf Verschiedenes zu schauen.

Bei Männern wir Beachtung schenken,
dass sie vernünftiger meist denken;
doch dass vernünftiger sie leben,
ist wohl meist Frauen Recht zu geben.

Oft Unterliegen Männer Lüsten,
die sie doch gut besiegen müssten,
wenn sie auch so vernünftig wären,
wie sie es oft zu sein begehren.

Doch wenn die Frauen länger reden,
dann wundert das bei Männern jeden,
weil sie, was logisch ist,verletzen
und doch beharrlich weiterschwätzen.

Gedanken eines alten Ehemanns

Was mich als Frage oft bewegt
und mir auf Geist und Seele schlägt:
Wie kriegt mal meine Frau das hin,
wenn ich nicht mehr auf Erden bin,
wo sie doch ohne meinen Rat
auch manchmal etwas Falsches tat?
Doch denke ich auch öfters jetzt:
Ich habe sie wohl unterschätzt.
Gewiss steht auch zu nöt'ger Zeit
ein Mensch, der hilft, für sie bereit.
Doch ist vor allem Gott ja da
und als ein Helfer gern uns nah.
Vertraue Gott ich alles an,
dann ganz getrost ich sterben kann.

Vor dem Geburtstag

Das ist es, was als Wunsch ich habe
von Dir jetzt als Geburtstagsgabe,
dass wir einander gern gewähren,
was wir doch für uns selbst begehren,
dass wir in allem daran denken,
dass wir Barmherzigkeit uns schenken
und stets bei allem darauf sehen,
dass wir noch besser uns verstehen
und so noch mehr Vertrauen wagen,
uns wirklich alles auch zu sagen,
dass wir auch von den eignen Schwächen
vertrauensvoll zusammen sprechen
und auch einander offenbaren,
wo wir einmal Versager waren,
dass wir einander alles zeigen,
dabei auch keine Schuld verschweigen,
wobei wir freudig dann erleben:
Sie ist von andern längst vergeben,
so dass er unsre dunklen Flecken
im Leben ruhig kann entdecken.
Schön ist es, wenn sich Liebe findet,
auch dann, wenn Schönheit langsam schwindet.
Es ist doch wirklich sehr befreiend,
wenn wir als beide Christen seiend,
was gnädig wir von Gott erhalten,
nun auch am andern lassen walten.
Gibst Du mir das, was ich erbeten,
dass stets wir so zusammen reden.
Dann machst Du damit nicht nur heute
mir eine riesengroße Freude.

Klaus

Es wohnt bei uns im selben Haus
ein junger Mann mit Namen Klaus
im Stockwerk über uns genau
mit seiner lieben Ehefrau.
Kauft sie mal irgendetwas ein,
dann geht sie immer nur allein.
Da habe einmal ich's gewagt
und habe diesen Mann gefragt:
„Warum sind niemals Sie bereit,
dass Sie zum Einkauf geh'n zu zweit?"
Verwundert ich zur Kenntnis nahm,
was da von ihm als Antwort kam:
„Es kann beim Einkauf doch passier'n,
dass wir einander mal verlier'n;
und dann geschieht vielleicht es bald,
dass laut von ihr mein Name schallt.
Nun weiß bei ihrem Ruf zwar ich
mit „Klaus" meint meine Frau nur mich.
Doch werd' vielleicht ich angeschaut,
als würde bald von mir geklaut.
Das wäre furchtbar peinlich mir.
Drum bleibe ich beim Einkauf hier.

Eine gute Bekannte

Ich hoffe, bald schon wird gescheh'n,
dass ich sie werde wiedersehen
und ich manch liebes Wort vernehme,
das dann aus ihrem Munde käme.

Ein alter Bekannter

Ich fragte ihn, ob er mal tut,
wozu mir leider fehlt der Mut.
Da sagte er zu mir: „Ich tu's,
gibst du mir dafür Apfelmus.

Doch als er alles hat geschafft,
da wollte er dann Apfelsaft.
Ich sprach: „Es darf auch Bess'res sein."
Und lud ihn dann zum Essen ein.

Da machte er das Angebot,
dass er mir weiter hilft aus Not.
Er ist mir lieb seit dieser Zeit.
Drum sei ihm dies Gedicht geweiht.

Schärfe

Ist irgendwo ein Messer scharf,
man deutlich das auch sagen darf;
Doch sagt man das von einer Frau,
so gibt es dann vielleicht Radau.

Frauen, Logik und Liebe

Wenn Frauen zwar nicht logisch denken
und deshalb so viel Unsinn schwätzen,
doch gern den andern Liebe schenken,
dann werden Männer doch sie schätzen.

Gescheitert

Als einer Frau ich mal gesagt
etwas, was ihr nicht hat behagt,
da sagte diese Frau zu mir:
„Mit allem Ernst, jetzt sag ich dir:

Mit dem was war, lass mich in Ruh'!
Vergangenheit ist jetzt tabu.
Du darfst nur sagen, was ich will.
Ansonsten bleibe zu mir still!"

Da habe ich dann nachgedacht,
was das denn jetzt für Sinn noch macht.
Wie findet echt Gespräch noch statt,
wenn jemand kein Vertrauen hat?

Wenn das dann nur noch übrig bleibt,
was Fernseh'n zeigt, was Zeitung schreibt,
dann hat es wirklich keinen Sinn,
dass im Gespräch ich mit ihr bin.

Frauen und Liebe

Leider kannst nicht allen Frauen
du als Mann auch wirklich trauen.
Solche mit den kalten Augen,
das sind solche, die nichts taugen,
die durch ihrer Schönheit Gleißen
andre ins Verderben reißen.
Jeder ist davor zu warnen,
dass sie Männer gern umgarnen.
Augen, die vor Liebe glühen
und die echten Charme versprühen,
lassen aber es erleben:
Du kannst in die Hand dich geben
denen, deren Augen zeigen,
dass, auch wenn sie es verschweigen,
sie im Inneren getrieben,
dich als Menschen recht zu lieben.
Schätzenswert sind solche Leute,
denn sie schenken Lebensfreude.

Eine Desillusionierung

Als mit stolz erhob'nem Haupte
er sich überlegen glaubte,
weil er von sich selber dachte,
dass er keine Fehler machte,

hielt ich einen ihm entgegen,
und ich sagte ganz verwegen:
„Es ist eine meiner Stärken,
Fehler andrer Leute merken."

Man kann Fehler oder Sünden
doch bei jedem Menschen finden.
Darum ohne Übertreiben
sollte man bescheiden bleiben.

Nächstenliebe

Sich anderen in die Hand zu geben
und dabei Hilfe zu erleben,
das zähl' ich zu dem Wunderbaren,
was man im Leben kann erfahren.

Kategorie 2: Auf Reisen Erlebtes

Die Kreuzfahrt

Es ist doch eine Kreuzfahrt geil,
so nahm ich mal an einer teil.
Der Abfahrtshafen war nicht nah,
denn es war die Stadt Genua.

So fuhren wir erst mit dem Bus,
weil man doch nach Italien muss.
Schön war der erste Tag bereits.
Wir fuhr'n hinüber in die Schweiz.
Dort haben wir die erste Nacht
am Vierwaldstätter See verbracht.
Wir überfuhren dann den Po.
Das macht man in Italien so.

Dort stiegen in das Schiff wir ein,
das dann das unsre sollte sein.
Nachdem wir alle war'n an Deck,
da fuhr'n von Genua wir weg.
Es war ein riesengroßes Ding,
das mit uns auf die Reise ging.
Es dauerte, bis man begriff,
was alles war auf diesem Schiff.

Man saß im Zimmer auf dem Stuhl
und schwamm auch mal im Swimming-Pool.
Gut war die Nahrung, die man aß,
wenn man im Speiseraume saß.

Dabei hat Freude auch erzielt,
dass man sich stets gut unterhielt,
denn wer an meinem Tisch mit saß,
der machte mir und andern Spaß.

Besonders gern gehört ich hab'
Konzerte, die man dort auch gab.
Es gab für uns auch abends Shows.
Da war die Freude für uns groß.

Genau so freuten wir uns schon
auf den Landgang in Katakolon.
Denn gar nicht weit von dort war da
einmal der Ort Olympia,
und einst an dieser Stelle dort
versammelte man sich zum Sport.

Doch Wind war stärker als gedacht,
hat um die Landung uns gebracht.
Da steuerten wir eben dann
Heraklion als Nächstes an;
das ist auf Kreta eine Stadt,
die einen großen Hafen hat.
Von dort fuhr'n mit dem Bus wir fort
nach Fodele, dem Fischerort.
El Greco, dieser Maler-Held,
erblickte dort das Licht der Welt.
Von dort war Rethymnon das Ziel,
wo es uns auch recht gut gefiel.
Wir legten auch in Rhodos an,
von wo ich dies berichten kann:

Zum Weltkulturerbe ernannt,
gehört die Stadt zu Griechenland.
Ich ging in ihr herum als Gast,
stand vor des Großmeisters Palast,
hab' mir auch andres angeschaut,
von ganz Verschiedenen gebaut.

Kurzum: Es ist die Stadt sehr schön,
es lohnt sich sehr, sie anzusehn.
In Izmir, das in der Türkei,
war auch ein Aufenthalt dabei.

Wir fuhr'n von dort dann mit dem Bus
dorthin, wo früher Ephesus.
Da, wo Maria einst gewohnt,
hat ein Besuch sich auch gelohnt,
denn Päpste machen ihr zum Ruhm
den Ort zu einem Heiligtum.

Johannes, der Evangelist,
auch damals dort gewesen ist.
Ein Schild ist dort, wo jetzt sein Grab,
das ich dort auch gesehen hab.

Nach ihm ein Kloster ist genannt,
das früher einmal auch dort stand.
Dann ging es, wie uns war bekannt,
von der Türkei nach Griechenland.
Piräus da der Hafen hieß,
in dem man unser Schiff verließ.
Der Bus fuhr uns dann nach Athen.
Dort gab es auch sehr viel zu sehn.

Ruinen aus dem Altertum
bewirken jetzt Touristenboom.
Das Wichtigste ist ganz gewiss
dabei dort die Akropolis.
Wir sahen erst hinauf zu ihr,
dann sahen sie von oben wir.
Das Letztere geschah dann so:
Wir war'n auf dem Licatebo.
Das ist ein Hügel in der Stadt,
der sogar eine Seilbahn hat.
Dann fuhren bis nach Malta wir.
Die Hauptstadt heißt Valetta hier.
Das ist der Ort, in dem vor Jahr'n
die Ritter an der Herrschaft war'n,
und wer die Bauten sieht, der schätzt,
dass Weltkulturerbe dies jetzt.
Wie schön, wenn man die Stadt durchstreift
und dass sie herrlich ist, begreift.
Am Abend ging es weiter, denn
wir wollten nach Sizilien.

Messina stand da auf dem Plan,
das wir am nächsten Tag dann sah'n.
Da habe ich dann nicht gespart,
nach Taormina ging die Fahrt.
Ich fuhr hinauf zur Innenstadt,
die wirklich viel zu bieten hat.
Wir liefen bis zum Stadion,
erbaut von alten Griechen schon.
Der Ätna leuchtete von fern.
So einen Blick, den hat man gern.

Die letzte Station war Rom.
Dort gibt es ja den Petersdom.
Die Schweizer Garde steht dort Wacht,
dass keiner großen Blödsinn macht.
Der Papst, auch wenn wir ihn nicht sah'n,
hat seinen Sitz im Vatikan.
Des Kolosseums alte Pracht
hat Eindruck auf all die gemacht,
bei denen dahin stand der Sinn,
dass sie auch dort mal gehen hin.

Viktor Emanuel auch hat
einmal erbaut in dieser Stadt
ein riesengroßes Monument,
das dort nun jetzt auch jeder kennt.

Ein wenig älter ist da schon
nicht weit entfernt das Pantheon,
in dem man auch mal sitzen kann,
braucht doch ein wenig Ruhe man.
Den Blick zur Engelsburg vergisst
auch der nicht, der kein Engel ist.
Und wer den Trevi-Brunnen sieht,
wirft Geld, damit ihm Glück geschieht.

In Genua war Schluss der Tour,
wo jeder dann nach Hause fuhr.
Und wer das tat, der hat gedacht:
Wie gut, dass ich das mitgemacht.

Südtirol

Ich fuhr jetzt mal nach Südtirol fort.
Ich fühlte dabei mich sehr wohl dort.
Ich rate Euch: Fahrt ebenfalls mal
in dieses wunderschöne Schnalstal.

Schönes Nachbarland

In Krakau, wo jetzt Polen wohnen,
wird ein Besuch sich immer lohnen.
Ich fuhr, um dieses zu beweisen
einmal dorthin mit Leistner Reisen.

Torgau

Ich war mit unserem Konvent
in Torgau, das ein jeder kennt,
das Sachsen wieder sich erwarb
und wo Frau Käthe Luther starb.
In einem siebenjähr'gen Krieg
errang dort Friedrich einen Sieg.
So mancher Kurfürst es genoss,
zu wohnen dort in einem Schloss,
und manchem ist der Grund nicht klar,
dass dort er in der Anstalt war.

P. S. Es ist der Ort es wert,
dass man mal wieder dorthin fährt.

Im Diakonissenhaus Aue November 2013

Es war von vornherein mir klar,
dass wieder ich nach Aue fahr',
wo „Kreative Tage“ sind,
was im November stets beginnt.
Hier fängt man zwar mit Dingen an,
wo ich fast überhaupt nichts kann,
doch fällt mir vieles andre ein,
was lohnend macht, dabei zu sein.
Die christliche Gemeinschaft hier
wird jedes Mal zum Segen mir.
Die Auslegung von Gottes Wort,
sie bildet mich im Glauben fort.
Ich habe auch schon längst entdeckt,
wie gut hier stets das Essen schmeckt.
Man nimmt sich abends auch die Zeit
für fröhliche Gelassenheit.
Es sei vor allem dies erwähnt,
dass Liebe herrscht, die man ersehnt.
So fuhr ich, wenn die Tagung aus,
von dort stets reich beschenkt nach Haus.

P. S. Auch hat man da sich schnell genaht
Bad Schlema und dem Radonbad.

Auf der Reise

Es war einst in Kuala Lumpur.
In dieser Stadt entdeckte sie:
Es ist doch dieser Mann ein Lump nur,
und das verkraftete sie nie.

Hiddensee

Mir tun solche Sitten weh:
Wenn ich dann auf Hiddensee
diese alten Hütte seh',
höre ich sie bitten: geh!

Metten in Bayern

Bei meinem Urlaubsaufenthalt
im schönen Bayerischen Wald

fuhr auch zum Ort Metten mal,
weil meine Wirtin das empfahl.

Doch als ich sah der Kirche Pracht,
da habe ich bei mir gedacht:
Ich möchte wissen, was geschieht,
wenn das der Papst Franziskus sieht.

Ballenstedt und die Frauen

Als Karl, mein Freund aus Ballenstedt,
mich neulich einmal fragte,
ob es mir dort gefallen hätt',
ich dieses zu ihm sagte:

„Es gibt sehr viele Dinge dort,
die schön sind anzuschauen.
Bei euch das Schönste in dem Ort
sind aber eure Frauen."

Eine Pragreise

Mit drei Personen, die ich mag –
wir sangen einst im selben Chor –,
nahm ich ins Nachbarland, nach Prag
mir einmal eine Reise vor.

Ein Flugzeug brachte uns dann schnell
von Leipzig zur gewünschten Stadt.
Vom Flugplatz ging es zum Hotel,
das sie am Wenzelsplatz dort hat.

So kamen wir zu viert dort an,
die Margot, Christa, Klaus und ich;
doch trennten wir uns abends dann,
die Damen blieben unter sich.

Doch als die Moldau überquert
in Prag am nächsten Tage wir,
da hab'n die Worte wir gehört:
„Die sin doch ooch aus Sachs'n hier."
Es war die Reise wunderschön
als wir durch diese Stadt getrabt.
Wir haben Herrliches geseh'n
und auch so manchen Spaß gehabt.

In Nordfriesland

Ich wollte eine Fahrt mal wagen
zur Nordsee nach der Insel Sylt.
So hab in meinen alten Tagen
ich mir noch diesen Wunsch erfüllt.
In Flensburg hoch in Deutschlands Norden
die schöne Stadt ich sehr genoss.
Dann bin ich auch ein Gast geworden
in Glücksburg, diesem Wasserschloss.

Ich war auch auf der Hallig Kooge,
stand dort vom Ufer nur drei Schritt,
da kam auf einmal eine Woge,
die nahm fast in das Meer mich mit.

Durch Schleswig-Holstein auch uns fuhr man,
weil viel das Land zu bieten hat.
Man hielt dabei auf dieser Tour an
in Husum und in Friedrichstadt.

Auf Norderney

Ich hab 'ne Reise mal gewonnen
zur Nordseeinsel Norderney.
Dort hab ich Seemannsgarn gesponnen.
Davon ist etwas hier dabei.

Kategorie 3: Von der Bibel inspiriert

Christliche Hoffnung

An Lebenswegen gibt es viele,
wo Menschen scheinbar Glück erlangen.
Doch führt nur der zum wahren Ziele,
den Jesus uns vorangegangen.

Denn sonst sind Dinge nur vorhanden,
die eng begrenzt uns Freude geben.
Doch Jesus ist vom Tod erstanden,
um ewig jetzt bei Gott zu leben.

Gedanken eines Christen im Krankenhaus

Ich habe wieder jetzt erfahren:
Gott will uns nicht von Leid bewahren.
Doch kann durch Ihn für uns auf Erden
auch Leid zu großem Segen werden.
Es kann durch solches Leid geschehen,
dass wir nun besser die verstehen,
die hier in ihren Lebenstagen
auch manches Elend müssen tragen.
Auch kann es zu erkennen lehren
die, die als Freunde sich bewähren,
indem sie jetzt nicht feige schweigen,
stattdessen wahre Liebe zeigen,
auch große Mühe da nicht scheuen,
um dich ein wenig zu erfreuen.
Die aber, die von dieser Sorte,
dass sie nur sprechen gute Worte,
die lernst du richtig einzuschätzen
nach Taten, nicht nach ihren Sätzen.
Auch lehrt es dich, recht zu erkennen,
dass das, was manche wichtig nennen,
wenn man beim Leiden es betrachtet,
nicht wert ist, wenn man es groß achtet.
Und wer als Christ Leid trägt, der findet,
dass es mit Christus uns verbindet,
Der selbst, das ist doch unbestritten,
sehr viel und Schweres hat durchlitten.
Und folgst du nach auf Seinen Wegen,
dann wird dir dieses sehr zum Segen.
Denn Er ist zwar ins Grab gekommen,
als tot man Ihn vom Kreuz genommen.

Doch war bei Ihm am dritten Tage
zu Ende alle Todesplage.
Er war vom Tode auferstanden,
war neu im Jüngerkreis vorhanden;
doch nun, in Seinem neuen Leben,
das Gott, der Vater Ihm gegeben,
dem nicht mehr irgendwelches Leiden
kann körperlichen Schmerz bereiten;
der nicht mehr Irdischem vergleichbar,
mit dem die Ewigkeit erreichbar,
wo Gott wird Herrlichkeiten schenken,
die kein Mensch hier sich kann erdenken.
Und dann sollten wir nicht klagen,
wenn wir hier müssen Leid ertragen.
Es wird uns Christus herrlich lohnen,
wenn wir in Seinem Reich dann wohnen.

Nie allein

Wenn es um Lebensfragen geht
und keiner dir zur Seite steht,
dann bist du dennoch nicht allein.
Gott will an deiner Seite sein.

Doch dies bedenke immer recht:
Er ist dein Herr und nicht dein Knecht.
Wenn sich beim Menschen Hochmut zeigt,
dann schaut sich Gott das an – und schweigt.

Doch wer sich Ihm in Demut naht,
dem hilft Er gern mit Rat und Tat,
weil Gott barmherzig auf den schaut,
der Ihm so wie ein Kind vertraut.

Glaubensgewissheit

Ich will es immer wieder sagen:
Ich bin doch froh und glücklich, weil
trotz mancher bitt're Niederlagen
an Christi Sieg ich habe teil.

Rat an Alte

Wenn langsam jetzt die Kräfte schwinden,
mehr Mühe macht, wenn man sich bückt,
am Körper sich auch Falten finden,
meist irgendwo der Schmerz bedrückt,

dann sollten wir auf uns nicht schauen
und das, was uns jetzt oft verdrießt,
uns vielmehr Jesus anvertrauen,
der uns das Himmelreich erschließt.

Weil Er vom Tod einst ist erstanden,
so wie Er zu den Jüngern sprach,
ist Hoffnung auch für uns vorhanden,
dass wir Ihm darin folgen nach.

Und wunderbare Herrlichkeiten,
die keinem Glanz, der irdisch, gleich
wird Gott, der Vater dort bereiten,
für ewig in dem Himmelreich.

Lutherische Theologie

Was mich mit Seligkeit berauscht,
ist dies, dass Christus fröhlich tauscht.
Was zwischen Gott und mir nicht stimmt,
als Schuld von mir Er auf sich nimmt.

Und Seine reine Heiligkeit
als sein Geschenk Er mir verleiht.
Nun sieht mich Gott als einen an,
den gern Er zu sich nehmen kann.

Das Gebet

Gott bietet es uns freundlich an,
dass jeder mit Ihm reden kann,
so, wie man mit dem Vater spricht.
Ich frag' dich, warum tust Du's nicht?

An einen Starken

Wer gegen Schwache kämpft, vergisst,
dass Gott an deren Seite ist,
wenn sie auf seine Kraft vertrau'n
und nicht auf sich und andre schau'n.

Menschenrat und Gotteswort

Man kann es manchmal auch erleben,
dass Menschen einen Ratschlag geben,
von dem natürlich sie erwarten,
dass wir ihn auszuführen starten.

Doch sollten wir erst überlegen:
Steht das auch unter Gottes Segen?
Entspricht das alles Gottes Willen,
wenn wir, was uns gesagt, erfüllen?

Und wenn sich Worte unterscheiden,
dann soll'n wir Menschenrat vermeiden
und stets in unserm ganzen Leben
dem Willen Gottes Vorrang geben.

Mittelpunkt des Weltgeschehens

(singbar nach der Melodie vom Lied Nr. 245 im EKG)

Nichts Größeres war je zu sehen,
was hier in dieser Welt fand statt,
als was auf Golgatha geschehen,
wo Jesus man gekreuzigt hat.

Denn der zu Tode da gekommen
hat dadurch, dass Er schuldlos starb,
die Schuld der Welt auf sich genommen,
wodurch Er Freispruch uns erwarb.

Und weil vom Tod Er auferstanden
danach am dritten Tage dann
ist auch für uns die Chance vorhanden,
dass wieder neu man leben kann.

Mit neuer Leiblichkeit bekleidet,
die nichts und niemand mehr zerstört,
der Auferstandene uns leitet
zu Gott, dem man dann ganz gehört.

Gnadenreiches Leben

Wenn dir durch Jesus Gottes Frieden
in deinem Herzen ist beschieden,
dann kannst du leicht zu andern sprechen:
ich werde nicht mich an euch rächen

für Unheil, das vor vielen Jahren
ich einmal hab durch euch erfahren.
Ihr könnt bei mir jetzt das erleben:
Ich habe eure Schuld vergeben.

Jedoch lasst das, was ihr erhalten
erbarmend nun an andern walten,
damit als Kirche wir auf Erden
die anderen gewinnen werden.

Wir sollten endlich uns bequemen,
den Willen Gottes ernst zu nehmen,
wie in der Bibel es beschrieben
Wir sollen Gott und Menschen lieben.

Vom dankbaren Samariter oder Einer von Zehn

Von zehn, die Jesus einst geheilt,
nachdem sie Aussatz hatten,
ist einer nur zurückgeeilt,
um Dank Ihm abzustatten.

Stellt Jesus uns den einen hin,
der alles richtig machte,
dann hat das wohl den einen Sinn,
dass dieses man beachte.

Macht nicht den andern alles nach,
das Leben zu gestalten.
Hört mehr auf das, was Jesus sprach,
um so sich zu verhalten.

Rechte und falsche Märtyrer

Die wegen Gott und Gottes Sohn
auf Erden müssen leiden,
die werden sein vor Seinem Thron
bei Ihm für alle Zeiten.

Die aber andern Unrecht tun
sogar begehen Morde,
die werden in der Hölle ruh'n,
geplagt an finster'm Orte.

Abra(ha)m als Vorbild
(1. Mose, 12,1-6)

Das ist's, was Abram einst bewog,
dass aus dem Zweistromlande
er weg mit Frau und Herden zog
ins völlig Unbekannte.

Von Gott zu hören er bekam:
„Gehst du auf meinen Wegen,
dann wirst du als der Abraham
der ganzen Welt zum Segen."

Da traute dieser Mann dem Wort,
weil Gott es zu ihm sagte.
Er zog mit Lot und Sarai fort,
sich in die Fremde wagte.

Er kannte weder Weg noch Ziel,
wohin es dann wird gehen.
Er wusste nur, was Gott gefiel,
das wird mit ihm geschehen.

So lehrt uns dieser Glaubensheld,
der voller Gottvertrauen,
anstatt auf das, was uns gefällt
auf Gottes Wort zu bauen.

Lässt so auch du auf Gott dich ein,
vertraust auch du Ihm heute,
dann wirst auch du ein Segen sein
für manche andern Leute.

Römer 8,1

Wir Christen leben doch zusammen
mit Christus, der uns selig spricht.
Wenn dennoch Menschen uns verdammen,
dann kümmert uns das letztlich nicht.

Leid und Herrlichkeit

(Markus 10,35 ff)

Es sehnen sich nach Herrlichkeit
gewiss auch alle Formen.
Doch Jesus redet erst vom Leid,
das über uns muss kommen.

Er weist erst hin auf Golgatha,
wo es das Kreuz gegeben.
Erst wenn mit Jesus Tod geschah,
kann neu man mit Ihm leben.

Drum schimpfe über Leiden nicht
auf deinen Lebenswegen!
Bedenke mehr, was Jesus spricht!
Er wendet Leid in Segen.

Die 10 Gebote

(nach Luthers Kleinem Katechismus)

1. Gott will, dass stets es darum geht,
dass Er an erster Stelle steht.
Dass Ihm vertraut, dass Ihn man liebt
mehr als das, was es sonst noch gibt.

2. Ihr nutzt den Namen Gottes recht,
wenn ihr wie Kinder mit Ihm sprecht
und immer darauf gebet acht,
dass ihr dem Namen Ehre macht.

3. Gott hat den Feiertag bestimmt,
dass auch für Ihn man Zeit sich nimmt,
damit der Mensch es nicht vergisst,
dass mehr als Arbeitstier er ist.

4. Kommt man als Mensch auf diese Welt
ist man in Ordnungen gestellt.
Vor allem Eltern sind es wert,
dass man sie ganz besonders ehrt..

5. Weil Menschenleben Gott gehört,
will Er, dass keines man zerstört,
dass man die Not des andern sieht
und Hilfe ihm durch uns geschieht.

6. Gott schuf den Menschen, Frau und Mann,
dass er die Ehe schließen kann.
Doch wer in diesen Bund tritt ein,
der soll dann stets treu dienend sein.

7. Was Eigentum betrifft, befiehlt
uns Gott, dass niemand etwas stiehlt;
dass man's erwirbt mit eigner Kraft
und auch für andre Gutes schafft.

8. Gott gab dem Menschen auch den Mund,
dass er damit gibt Worte kund.
Gott will, dass alles hilfreich sei.
Und keine Lüge sei dabei.

9. Gott will, dass jeder seinen Sinn
nicht auf den Nächsten richte hin,
dass er von ihm das Haus begehrt
und was sonst noch von großem Wert.

10. Er will, dass ihr ganz ohne Neid
stets dankbar und zufrieden seid
und statt den Nächsten ihr betrübt
an ihm ihr Nächstenliebe übt.

Freiheit und Gebundenheit

Es sagt so mancher, dass ein Christ
religiös gebunden ist,
weil Gott doch Forderungen stellt
und will, dass man sich daran hält.

Doch was in den Geboten steht
senkt nicht die Lebensqualität,
weil das, was Gott verlangt, nur nützt
und Leben vor Zerstörung schützt.

Wer denkt, dass Freiheit er erhält,
wenn nicht er unter Gott sich stellt,
der fällt, anstatt dass er wird frei
in seiner Sünde Sklaverei.

Beherrscht wird er von Trieben nun,
macht das mit, was die andern tun,
und den, der neben ihm erscheint,
empfindet er als seinen Feind.

Und spürt er, wie er immer hohl,
greift er vielleicht zum Alkohol,
zum Rauschgift, wenn er merkt und ahnt,
es läuft jetzt anders als geplant.

Ganz anders da die Freiheit ist,
die man von Gott bekommt als Christ,
weil, was durch Christus wird geschenkt,
den Frieden in das Herz dir lenkt.

Du machst nicht mehr den andern klein,
weil du der Größte stets musst sein,
weil Gottes Liebe so sich zeigt,
dass sie sich tief hinunter neigt.

Der Hass verdunkelt nicht das Herz
für den dir angetanen Schmerz.
Gott sagt: „Die Rache, sie ist mein."
Und so kannst du zufrieden sein.

Als rechter Christ bist du vom Neid
auf den, der besser ist, besser ist, befreit.
Selbst reich beschenkt, erkennst du an,
was auch der andre hat und kann.

Die Sorge dich nicht mehr bedrückt,
oft alles, was du willst, auch glückt,
weil Gott dich als dein Vater liebt
und das, was nötig ist, dir gibt.

Wer selbst von Gottes Gnade lebt,
ist auch, dass er sie gibt, bestrebt,
Und er erfährt: geschenktes Glück
wirkt segensreich auf ihn zurück.

Warnung und Verheißung

Will man zur Sünde dich verleiten,
dann folge diesen Leuten nicht!
Man sollte alle solchen meiden,
egal, was jemand dir verspricht.

Denn wirst du Freude auch erleben,
vielleicht einmal für kurze Zeit,
dann wird es mal die Rechnung geben:
Verderben bis in Ewigkeit.

Wirst aber du mit Jesus gehen,
hier immer Ihm verbunden sein,
dann wirst du Wunderbares sehen,
gehst ewig in Sein Reich du ein.

Pharisäer und Zöllner
(Luk. 18, 9-14)

Wenn Jesus Pharisäer nennt,
versteht man das jetzt nicht,
weil keiner einen solchen kennt,
von denen Er da spricht.

Und darum sei jetzt kurz erklärt,
dass sie in jenen Jahr'n
für viele von besond'rem Wert,
weil sie die Frommen war'n.
Sie beteten, und es gab viel,
was Gutes sie getan.
Doch war bei alledem das Ziel,
dass es die Leute sah'n.

Sie nahmen Zöllner zum Vergleich
und lobten sich dann sehr:
„Ich bin an guten Werken reich,
nicht so ein Schuft wie der."

So stellten sie als gut sich hin,
wenn sie das aufgezählt.
Dabei kam nicht in ihren Sinn,
dass da die Liebe fehlt.

Es war auch leider so ein Mann
nicht dessen eingedenk:
Man hat, womit man wirken kann,
von Gott nur als Geschenk.

So bleibe eigner Ehrgeiz still,
weil Gott man Ehre gibt
und andern Menschen helfen will,
wenn man sie wirklich liebt.

Der Zöllner wirklich Sünder war.
Da hatte er ganz recht.
Doch sei uns allen immer klar:
Ich bin genau so schlecht.

Jedoch in unsrer Sündennot
dies unsre Hoffnung sei:
Gott gibt Sein Gnadenangebot.
Er macht von Schuld uns frei.

Drum nehmt die Gnade Gottes an,
die ihr auf Erden seid,
weil Gott durch Christus retten kann
in ew'ge Herrlichkeit.

Die Ehebrecherin
(Joh. 8, 3-11)

Ein Ehemann ging öfters aus
und ließ die Frau allein zu Haus.
Es machte ihr gewiss nicht Spaß,
wenn solo sie im Zimmer saß.
Da trat einmal, als sie allein
ein junger Mann zu ihr herein,
der schöne Worte hat gemacht
und so sie hat dazu gebracht,
dass sie ihn in ihr Bett mitnahm
und zu dem Ehebruch es kam.

Doch weil ein anderer das sah,
war schnell dann eine Gruppe da,
die plötzlich vor dem Hause stand,
weil sie die Sache spannend fand.
Obwohl die Dame sehr geplärrt,
hat man sie dort herausgezerrt
und hat sie dann ganz ungerührt
auf einen großen Platz geführt,
wo eine große Menge Menschen stand
und wo auch Jesus sich befand.
Man stellte Ihm die Sache dar,
die kurz vorher geschehen war
und sprach zu Ihm dann mit Genuss:
„Nun sag, was jetzt geschehen muss!
Du weißt, was in der Bibel steht,
wenn es um solche Dinge geht,
wo's in den Büchern Mose heißt,
dass man auf solche Steine schmeißt."

Doch Jesus sah sofort dabei
die inszenierte Heuchelei,
dass denen es nur darum ging,
dass Ihn man jetzt mit Worten fing;
denn wenn Er nicht sofort bestimmt,
dass Steinigung den Anfang nimmt,
dann sagt von Jesus man ab jetzt,
dass Er das Gotteswort verletzt,
und dann sieht hoffentlich man ein:
Er kann kein Gottgesandter sein.
Doch Jesus hat das nicht gestört.
Er tat, als hätt' Er nichts gehört,
wobei Er völlig ruhig blieb
und etwas auf die Erde schrieb.
Die Leute ärgerte das schon.
Darum verschärfte sich ihr Ton.
Sie fragten weiter bei Ihm nach,
bis Er dann laut zu ihnen sprach:
„Wer ohne Sünde meint zu sein,
der werfe jetzt den ersten Stein."
Da kriegten alle einen Schreck
und gingen nacheinander weg.
Denn Jesus machte ihnen klar:
Auch sie sind Sünder, das ist wahr.
So hat nach dem, was Er gesagt,
die Steinigung man nicht gewagt.
Und Jesus sprach zu dieser Frau:
„Wir sind jetzt ganz allein hier, schau!
Verschwunden sind sie allesamt,
und es hat keiner dich verdammt.

So bin auch heute ich es nicht,
der ein Verdammungsurteil spricht.
Doch ziehe daraus eine Lehr'
und sündige hinfort nicht mehr."

Hauptsache gesund

Man hört jetzt aus so manchem Mund:
Die Hauptsache – man ist gesund.
Es reden auch die Christen so.
Darüber bin ich gar nicht froh.

Es stört wohl viele Christen nicht,
dass Jesus da ganz anders spricht:
Es soll die Hauptsache dir sein,
du gehst zum ew'gen Leben ein.

Gewiss hat Jesus auch geheilt,
als Er auf Erden hat geweilt.
Doch wirkte stets Er in dem Sinn,
dass Er wies auf 's Reich Gottes hin.

Will jemand ernsthaft sein ein Christ,
bedenke er, dass wichtig ist:
Man nehme erst, was Jesus sagt,
auch das, was einem nicht behagt.

Mahnung zum Gebet

Um die Liebe auch zu zeigen,
wollen Menschen nicht nur schweigen,
wollen auch den andern sagen,
was sie in dem Herzen tragen.
Und so meine ich, dass Christen
gern und eifrig beten müssten,
wenn sie, wie sie es bekennen,
sich wahrhaftig Christen nennen.
Gott hat ja Sein Wort gegeben,
dass man Hilfe kann erleben,
wenn wir in all unsern Nöten
mit Ihm, unsern Vater reden,
aber auch den Dank Ihm sagen,
wenn es sich hat zugetragen,
wie wir für uns selbst begehrten,
dass uns soll geholfen werden.
Wenn die Bibel davon redet,
wie oft Jesus hat gebetet,
sollen wir es so gestalten,
dass wir uns wie Er verhalten.

Richten und Gericht

Auf das Über-andre-Richten
sollten alle wir verzichten,
weil meist kritisierte Sachen
wir auch nicht viel besser machen.

Lieber lasse Gott man walten!
Er wird einst Gerichtstag halten,
und dann werden alle sehen,
dass vor Gott sie müssen stehen.
Auch verstorb'ner Leiber Seelen
werden dann vor Gott nicht fehlen,
denn wen Er wird zu sich ziehen,
der kann dabei nicht entfliehen.

Darauf sollten wir beizeiten
uns im Leben vorbereiten,
stets nach Gottes Willen fragen
und das Rechte tun und sagen.

Warum ich Christ bin

Ich sage gleich im ersten Satz:
Ich habe einen großen Schatz
von unvergleichbar hohem Wert,
der nur in Christus wird beschert.
Weil einstmals Er von Gottes Thron
zu Menschen kam als Gottes Sohn
und so als Mitmensch uns kam nah,
ist Gott auch als mein Vater da,
der liebevoll stets an mich denkt
und, was mir nötig ist, mir schenkt,
der mich errettet aus Gefahr
und tröstet, wenn ich traurig war.
Durch Christi Tod vor langer Zeit
bin ich von aller Schuld befreit.
Er nimmt von mir, was mich bedrückt.
So werde ich von Ihm beglückt,
denn ich nehm' glaubend dankbar an,
was Er nur Menschen geben kann.
So gibt Er mir den Freiheitsraum,
der sonst nur ist ein Menschheitstraum.
Gott gibt uns Christen Seinen Geist,
der stets den rechten Weg uns weist,
so wie die Bibel ihn beschreibt,
die klar uns lehrt, „was Christum treibt",
der uns vor dem Versucher warnt,
damit der uns nicht ganz umgarnt,
der mehr als nur das Auge sieht
von dem, was in der Welt geschieht.
Er gibt Christen auch die Kraft,
dass er, was Gott gebietet, schafft.
Doch lenkt des Christseins höchster Sinn
den Blick auch auf die Zukunft hin,

die Christus uns eröffnet hat
durch das, was einst mit Ihm fand statt.
Nach seinem Tod auf Golgatha
am dritten Tage dies geschah,
dass dessen Macht Er überwand
und von den Toten auferstand.
Er kehrte dann, den Engeln gleich,
zurück in seines Vaters Reich.
Und weil nun ein getaufter Christ
im Glauben ihm verbunden ist,
weiß er, wohin sein guter Hirt
dann nach dem Tod ihn führen wird.
Und dieses wunderbare Ziel
bedeutet für sein Christsein viel.
Denn gibt es jetzt auch manche Not
und manches Leid, dass ihn bedroht,
so macht die Hoffnung das doch leicht,
weil einmal er das Ziel erreicht,
wo er in Gottes Ewigkeit
von allem, was bedrückt, befreit,
ganz nahe seinem Heiland dann
nur Herrliches erleben kann.

Kategorie 4: Christliche Existenz in dieser Welt

An Frau Adelheid G.

Heilig war vor langer Zeitgeist
einmal eine Adelheid.
Adelheid, sag, ob Du meinst
dass Du bist, wie jene einst!

Sagst Du jetzt ein klares „Nein“,
werde ich zufrieden sein,
wenn Du klar auf jenen weist,
der Dir hilft und Jesus heißt.

Fastenfreizeit im Monbachtal

Drücken Dich des Leibes Lasten,
ist es gut, einmal zu fasten.
Und so waren dieses Mal wir
in dem schönen Monbachtal hier,
fuhren her mit unsern Sachen,
um die Mayr-Kur zu machen.
Und so kamen her mit Freude
diesmal 21 Leute.
Hier erklärte Dr. Knittel,
welche wirkungsvollen Mittel
der Herr Mayr hat gefunden,
um am Leibe zu gesunden.
Doch er hat nicht nur geredet,
er hat auch den Bauch geknetet.
Auch an Geistlichem nicht Not war.
Ein Herr Kloß bot Lebensbrot dar.
Aus der Bibel er erklärte,
was für uns von höchstem Werte.
Jeden Vers er recht bedachte,
der uns Jesus näher brachte.
Nahrung war hier sehr bescheiden.
Vieles mussten wir hier meiden.
Um früh nüchtern nicht zu bleiben,
gab's vom Brot nur kleine Scheiben,
die wir ohne Zubrot aßen,
wenn wir da zusammensaßen.
Und statt Kaffee gab es Tee hier.
Doch das tat nun gar nicht weh mir.
Mittags setzten wir uns nieder,
und es gab dasselbe wieder.
Abends aß die ganze Gruppe
eine schlichte dünne Suppe.

Morgens schluckte man mit Mühe
bittersalz'ge Wasserbrühe.
Um des Kurerfolges Willen
schluckten wir auch Bullrichs Pillen,
um nach des Herrn Mayr Schriften
unsern Körper zu entgiften.
Wasser tranken wir in Massen,
um das Gift heraus zu lassen.
Noch hervorzuheben wäre:
Gut war hier die Atmosphäre,
weil wir uns so gut verstanden.
Herrlich von Natur umgeben
ließ es sich hier prächtig leben.
Jeder konnte wandern gehen,
die Umgebung sich besehen.
Es war jedem auch zu raten
in Bad Liebenzell zu baden.
Nun wollen wir den Referenten
den verdienten Beifall spenden,
glücklich dann nach Hause fahren,
weil wir schön beisammen waren.
Als an Leib und Seele reiner
ist jetzt unzufrieden keiner.

Erlebnis im Monbachtal

Denke ich ans Monbachtal
denk' ich auch an einen Saal,
wo an jedem Tage neu
vis-a-vis mir saß Frau Loy.
Eines Tages dies geschah:
Als bei mir die Dame sah:
Dieser Mann wird etwas bleich,
stand sie auf vom Stuhl sogleich,
holte dann ein Honigglas,
ging zum Stuhl, auf dem ich saß,
gab es mit dem Löffel mir,
sprach dann: „Nimm, das hilft bald dir!“
Und sie hatte damit recht.
Bald schon war mir nicht mehr schlecht,
weshalb ich in meinem Sinn
dieser Frau sehr dankbar bin,
denn sie bot mir Hilfe dar,
als mir etwas unwohl war.
So erlebte ich als Christ,
was die Nächstenliebe ist,
wie sie Jesus Christus lehrt.
Wohl dem, der sie noch erfährt!
Und so sag' ich ohne Scheu:
Es gefällt mir die Frau Loy.

Die Katastrophe

Weil gern der Mensch sich überschätzt
mit seiner Kraft und seiner Macht,
hat Gott doch Grenzen ihm gesetzt,
dass er aus seinem Traum erwacht.

Einer alten Bekannten gewidmet

Weil sie so wie ich ein Christ,
dieses unsre Regel ist:
Was ein Mensch von Gott empfängt,
er dann auch den andern schenkt.

Jetzt sind zwar vom Leid gebeugt
wir, doch davon überzeugt.
Wir seh'n uns nach dieser Zeit
neu in Gottes Ewigkeit.

Dort sind wir von Leid und Streit
und der Last der Welt befreit,
und es steht für uns bereit
übergroße Herrlichkeit.

Christlicher Geburtstagswunsch

Wenn wir Christen hier auf Erden
wieder ein Jahr älter werden,
geht es unter Gottes Segen
doch der Ewigkeit entgegen.

Geheilte Beziehung

Verdrängt nicht die Vergangenheit,
auch dann, wenn ihr belastet seid,
weil keiner völlig das vergisst,
was irgendwann geschehen ist.
Man drückt nur unschönen Befund
hinab in seiner Seele Grund,
wo manchmal später diese Last
sich hoch drängt, wenn es gar nicht passt.
Und fängt man dann zu kämpfen an
auch zur Demenz das führen kann,
weil eben das man dann zerstört,
was doch einem selbst gehört.
Und das bereitet große Pein.
So aber muss es doch nicht sein.
Wenn alles man beim Namen nennt,
auch sich zu seiner Schuld bekennt,
zum andern das Vertrauen wagt,
dass er das „Ich verzeih' dir" sagt,
dann ist ein großer Schritt getan,
der alles bringt auf rechte Bahn.
Und findet dann Vergebung statt,
so wie das Gott verordnet hat,
der dem barmherzig Gnade schenkt,
der selbst so handelt, redet, denkt,
dann kehrt, da kann man sicher sein,
ein Frieden in die Seele ein,
der mehr, als man es je gedacht,
zufrieden, froh und glücklich macht,
weil Gottes Segen dann erfährt,
wer Liebe kriegt und sie gewährt.
So tut es jedem Menschen gut,
wenn er den Willen Gottes tut.

Dennoch

Zu den gestrauchelten Gestalten
gehöre ganz gewiss auch ich;
jedoch hat Gott mich festgehalten,
und Seine Gnade rettet mich.

Frau M. K.

Sie predigt mehr zu eig'nem Ruhm
ein solches Wohlfühl-Christentum,
bei dem die ganze Härte fehlt,
von der die Bibel uns erzählt.

Den Kampf des Glaubens sie verschweigt,
auch nicht die Macht der Sünde zeigt,
von der uns Christus frei gemacht,
weil Er am Kreuz Sein Werk vollbracht.

Von Teufel, Sünde und Gericht
spricht sie in ihrer Predigt nicht.
Sie rührt nur solche Themen an,
wo sie bei Menschen punkten kann.

Götze oder Gott

Ob Geld, Sex, Schlager, Fußballspiel,
es gibt der Götzen bei uns viel,
die heute mancher Mensch verehrt,
als wären sie von höchstem Wert,
weil es den Menschen danach drängt,
dass er sein Herz an etwas hängt,
mit dem zusammen er dann meint,
dass er besonders groß erscheint,
wenn irgendetwas ihn erregt
und ganz in seinen Bann dann schlägt.
Egal, ob man sich selbst betrügt,
man fühlt sich glücklich, das genügt,
wobei man ganz bewusst vergisst,
dass nie ein Mensch der Größte ist,
dass einen über sich man kennt,
denn Gott man und allmächtig nennt.
Doch lässt man sich mit diesem ein,
erscheint als sündig man und klein;
und das ist's, was man nicht gern hört,
weil es den Menschen Stolz zerstört.
Man tut so, als ob's das nicht gibt,
von dem man nichts zu hören liebt.
Jedoch wer klug ist, merkt es schon:
Das Glück der Welt ist Illusion,
die irgendwann in dieser Welt
an harter Wirklichkeit zerschellt.
Uns rettet nur aus solcher Not
von Gott das Gnadenangebot,
das durch die Kirche der empfängt,
der glaubend sich an Christus hängt.

Er hat für uns das Werk vollbracht,
das uns für immer glücklich macht,
weil Jesus Christus einstmals sprach:
Wer an Mich glaubt, der folgt Mir nach.
Ich führ' ihn nach der Erdenzeit
zu Mir in Gottes Ewigkeit.
Und jeder, der auf Christus schaut,
nun diesen Worten fest vertraut,
denn der uns diese Hoffnung gab,
entstieg zu Ostern selbst dem Grab
und lebt seit Himmelfahrt nun ganz
mit göttlich-geistiger Substanz
dort, wohin Er auch uns lädt ein,
für immer dann bei Gott zu sein.

Menschen, Welt und Gott

Hast du im Herzen Gottes Frieden,
den, wer an Christus glaubt, erhält,
dann ist dir damit mehr beschieden
als aller Reichtum dieser Welt.
Denn alles, was die Welt kann geben,
vergeht oft schon nach kurzer Zeit;
doch Christus gibt das ew'ge Leben
bei Gott in Seiner Herrlichkeit.

Darum lass dich von Gott beschenken.
Er rettet dich aus aller Qual.
Was andre Menschen von dir denken,
das sei dir letztlich scheißegal.

Heil oder Unheil

Es gibt für dich zwei Möglichkeiten,
seitdem auf dieser Welt du bist;
und du musst irgendwann entscheiden,
was wirklich für dich wichtig ist.

Du kannst an diese Welt dich binden
und einmal mit ihr untergehen.
Du kannst das Heil in Christus finden
und ewiglich bei Gott bestehen.

Überwindung der Angst

Die Angst ist eine große Last,
die du nicht magst und trotzdem hast,
weil jeder von der Zukunft ahnt:
Es kommt oft anders als geplant.

Zwar weiß man dieses als ein Christ,
dass Gott an seiner Seite ist,
der, ruft man Ihn als Helfer an,
aus allen Nöten helfen kann.

Doch oft auch Hilfe nicht geschieht,
weil Gott als Vater dich erzieht.
Er treibt mit dir kein böses Spiel.
Er hat mit dir ein gutes Ziel.

Und es ist leider gar nicht leicht,
dass dieses Ziel man auch erreicht,
weil man auf Erden den auch spürt,
der gern zur Sünde uns verführt.

So macht das Leiden dir bewusst:
Die Welt vergeht mit ihrer Lust.
Doch Christus schuf zu Gott die Bahn
und hat die Tür uns aufgetan.

So segnet Gott, wenn man erfährt:
Er gab mir nicht, was ich begehrt.
Und doch war dies für mich Gewinn.
Es trieb mich mehr zu Christus hin.

Der führt mich in die Ewigkeit,
wo ich von allem Leid befreit
und nichts und niemand irgendwann
mir irgendwie noch schaden kann.

An einen Fußballer

Das Fußballspiel hat diesen Sinn:
Es geht am Ende um Gewinn;
und damit wird es nun zum Bild,
das auch für unser Leben gilt;

dass man am Ende dieser Welt
von Gott den Siegespreis erhält:
zu leben ewig Christus gleich
bei Ihm in Seinem Himmelreich.

Die Gottesfrage

Weil es dem Menschen jetzt gefällt,
dass er auch über Gott sich stellt
und keine Grenze mehr ihn hemmt,
dann sage ich: Er bleibt Ihm fremd;

weil Gott dem Stolzen widersteht,
der nur noch um sich selbst sich dreht,
der dies Grundsätzliche vergisst,
dass er Geschöpf, nicht Schöpfer ist.

Doch Gott sich weiter dem bezeugt,
der sich in Demut vor Ihm beugt,
der Ihm zubilligt Herrenrecht
und nicht mehr sein will als nur Sein Knecht.
Wer so von sich und von Ihm denkt,
der wird von Ihm dann reich beschenkt,
ins Herz zieht Gottes Frieden ein,
und er kann wirklich glücklich sein.

Oekumenische Gesinnung

Als ich in Bayern Urlaub mal verbrachte,
ich sonntags mich zum Gottesdienst aufmachte.
Und weil ich Christ bin, und zwar evangelisch,
da dachte ich erst, deren Kirche wähl' ich.

Jedoch weil die Kirche war verschlossen,
hat mich das zwar ein wenig erst verdrossen,
doch dann ließ ich mich halt bei Katholiken
in deren Gottesdienst, der Messe, blicken.

Geführte Wanderung

Es hat zwar manches mich erbost
als Menschen auf dieser Erde,
doch war ich letztlich stets getrost
durch das, was Gott gewährte.

Denn immer wieder stellt' ich fest,
von Ihm kann Hilfe spüren,
wer glaubend sich auf Ihn verlässt
von Ihm den Weg lässt führen.

Zwar geht der Weg nicht immer so,
wie man sich ihn erdachte,
doch ist man letztlich immer froh,
weil Er es besser machte.

Und merkt man so etwas auch schon
in diesem Erdenleben,
was wird es erst vor Gottes Thron
für Überraschung geben.

Unser Gedächtnis im Alter

Beklagt wird oft, dass es so ist,
dass man im Alter schnell vergisst,
dass man nicht weiß, wenn man gefragt,
was gestern dieser Mensch gesagt.
Jedoch ich finde, es ist gut,
dass das Gedächtnis dieses tut,
dass wieder schnell dem Hirn entweicht,
was keine Tiefenschicht erreicht.

Es will, dass man nur das sich merkt,
was wirklich uns im Leben stärkt
und was die Augen und den Sinn
weg von der Welt auf Gott lenkt hin,
auf das, was Er uns hält bereit
nach unserm Tod in Ewigkeit.
Das meiste andre ist nicht wert,
dass ihm Beachtung widerfährt.

Leben mit Jesus

Wenn man sich über mich beklagt,
ich hätte doch sehr oft versagt,
dann bin ich deshalb nicht zum Streit,
wie schlimm man es auch sagt, bereit.

Ich weise nur auf Jesus hin,
mit dem ich fest verbunden bin,
der mir all meine Schuld vergibt
und mich trotz meiner Schwachheit liebt.

Mich kümmert dann auch letztlich nicht,
ob gut, ob schlecht man von mir spricht,
weil Gottes Frieden in mich zieht,
wenn mir durch Christus Heil geschieht.

Ich spüre jetzt ein wenig schon,
wie es einmal vor Gottes Thron
in Seiner Ewigkeit wird sein,
wenn Christus mich da lässt hinein.

Geistliches Leben

Es sollt ihr Menschen doch nicht denken,
dass alles ihr allein gut schafft.
Lasst lieber euch von Gott beschenken.
Er gibt gern seines Geistes Kraft.

Zwar kann der Mensch sehr viel erkennen
durch seine Sinne und Verstand;
doch: „Christus ist der Herr zu nennen“ *(1Kor 12,3)*
wird ehrlich nur durch Ihn bekannt.

Der Mensch ist ohne Ihn gefangen
in dieser Welt und dieser Zeit;
durch Gottes Geist kann er erlangen
den Blick in Gottes Herrlichkeit,

und der zerstört der Sünde Triebe,
weil Er von göttlich starker Wucht.
Stattdessen Glaube, Hoffnung, Liebe
entstehen als des Geistes Frucht.

Jahreslosung 2015 – Röm 15,7

Weil Christus ist zu uns gekommen
und uns als Bruder angenommen,
für deren Schuld Er gar Sein Leben
als Sühne in den Tod gegeben,

soll'n wir uns dann dazu bequemen,
den andern Menschen anzunehmen
als Mitmensch nun an unsrer Seite,
damit man Freude ihm bereite.

Gesegnetes Scheitern

Ich bin im Leben oft gescheitert.
Ich hatte wohl zu viel Vertrauen.
Doch hat das meinen Blick erweitert,
mehr auf das Göttliche zu schauen.

Segensreiche Stille

Sei öfter mal so richtig still
und höre, was Gott sagen will,
dann fühlst du schon nach kurzer Zeit
dich wunderbar von Druck befreit.

Dann öffnet sich dein Horizont.
Du siehst, was erst du nicht gekonnt,
und Frieden nicht von dieser Welt
in deinem Herzen Einzug hält.

G. E. Lessing und Jesus

Herr Lessing sprach vom „garst'gen Graben“,
den seine Zeitgenossen haben,
weil sie nicht in den selben Jahren
wie Jesus auf der Erde waren.

Doch kann den Graben überwinden
und Jesus der auch heute finden,
der Ihn empfangen will im Segen.
Im Abendmahl ist Er zugegen.
Auch hat er Seinen Geist gegeben,
dass man es hörend kann erleben,
dass auch Sein Wort in unseren Tagen
den Menschen noch sehr viel kann sagen.

Leben aus Christus

Ich möchte gern Vertrauen wagen,
Dir alles zeigen, alles sagen;
denn nur, wenn dieses ist geschehen,
kannst Du so richtig mich verstehen.

Du wirst auch manche dunklen Flecken
in meinem Leben dann entdecken,
doch wirst nach Jesu Christi Lehren
Du mir Barmherzigkeit gewähren.

Du weißt, dass ich genau so denke
und gern dem mein Vertrauen schenke,
der auch von eig'ner Schuld und Schwächen
zu mir vertrauensvoll will sprechen.

Wenn wir aus Gottes Gnade leben
und sie an andre weitergeben,
dann wird sich Gottes reicher Segen
auf uns und auch auf andre legen.

Gelöste Lebensfragen

Dass ich zur Welt gekommen bin,
obwohl man mich nicht wollte,
das hatte wohl den einen Sinn,
dass Gott ich dienen sollte.

Dass mich die Stasi nicht geschnappt,
obwohl ich leicht verführbar,
liegt daran, dass ich Gott gehabt
als Helfer, stark und spürbar.

Dass mir viel Böses widerfuhr,
was ich nicht konnt begreifen,
geschah, so denk ich deshalb nur,
dass ich durch Leid sollt' reifen.

Von dem, was in dem Buch hier steht
ich darum dies begehre:
Es sei an Gott ein Dankgebet
und Menschen eine Lehre.

Hilfreicher christlicher Glaube

Wenn ich einmal mit Sorgen voll
nicht weiß, was ich noch machen soll,
dann ruf' ich Gott an im Gebet
und weiß, dass gut es weitergeht.

Wenn ich in Schuld geraten bin,
dann kommt mir dieses in den Sinn,
dass ich doch einen Heiland hab',
der auch für mich sein Leben gab.
Und bin ich einmal richtig down,
dann hilft mir auch mein Gottvertrau'n.
Gedanken an das Himmelreich
verbessern meine Stimmung gleich.

Beginnt mal jemand mit mir Krach
und denkt, er siegt, denn ich bin schwach,
dann steht mir Gott als Helfer bei,
dass ich nicht unterlegen sei.

Kommt auf mich unverdientes Leid,
bin doch getrost ich allezeit.
Im tiefsten Herzen freue schon
ich mich auf Gottes großen Lohn.

Gott und Skat

Ich fühle manchmal in der Tag
mich wie ‚ne Lusche bei dem Skat.
Doch Gott macht dadurch mich von Wert
indem Er mich zum Trumpf erklärt.

Und so gestärkt bekomme ich
oft auch als Lusche einen Stich.
So trage doch ich dazu bei,
dass, wer mich hat, dann Sieger sei.

Unter Gott

Wie uns die Bibel klar bezeugt,
hat Jesus selbst sich oft gebeugt
vor Gott, zu dem er betend spricht:
„Dein Wille gelte, meiner nicht."
Doch jetzt denkt mancher Christ, es geht
auch ohne tägliches Gebet.
Weil vor sich selbst er stark erscheint
er folgendes als Wahlspruch meint:
„Ich weiß doch selbst, was jeden Tag
ich tu und lasse und auch sag."
Was bildet so ein Christ sich ein?
Will besser er als Jesus sein?
Wenn man nur, was man selbst will, tut,
dann geht am Ende das nicht gut.
Ich wünsche, dass ein jeder spürt:
Wie schön ist es, wenn Gott mich führt!
Vertraut man völlig Ihm sich an,
dann ist in guten Händen man.
Man sieht in allem einen Sinn
und lebt auf große Freude hin,
denn schließlich steht für uns bereit
ein Platz in Gottes Ewigkeit.

Erfüllte Sehnsucht

Von Gottes Liebe ganz umgeben,
kann leicht man auf der Erde leben.
Sie ist die schönste aller Gaben,
die wir durch Jesus Christus haben.

Doch reicht es nicht, sie zu genießen.
Sie soll auch andre überfließen
und soll sie auch zur Liebe führen,
die Gott uns lässt im Herzen spüren.

Ich wünsche, dass sich viele finden,
die so das Böse überwinden,
damit es hier auf dieser Erde,
auf der wir wohnen, besser werde.

An meine Leser

Ich habe Euch dazu erkoren,
damit Ihr dieses von mir wisst:
Ich bin nicht nur als Mensch geboren,
ich bin getauft, ich bin ein Christ.

Ich lasse Menschlichkeit verspüren,
von echter Lieb' halt' ich viel.
Doch Menschen hin zu Christus führen,
das ist für mich das größ're Ziel.
Denn diese Erde wird vergehen,
und seinem Tod entgeht man nicht.
Doch dann wird man vor Christus stehen,
der über uns sein Urteil spricht.

Wer Christi Heilswerk angenommen,
wem Er die Schuld vergeben hat,
wird ewig in Sein Reich dann kommen,
dort findet nur noch Freude statt.

Was mit den andern wird geschehen,
die nicht von Ihm von Schuld befreit,
das werden einst sie selber sehen.
Ich sage nur: Sie tun mir leid.

Leid und Heil

Wenn wir in unsres Lebens Tiefen
zu Gott, dem Herrn, um Hilfe riefen,
dann haben in den vielen Jahren
wir sicherlich auch dies erfahren:
Gott hat in unsern dunklen Phasen
das Leid nicht einfach weggeblasen.
Wir mussten an so manchen Tagen
geduldig unser Leid tragen,
obwohl wir dringend es begehrten,
uns möchte bald geholfen werden.
Wir sollten dabei wohl bedenken:
Es kann uns Gott sehr wohl beschenken,
doch kann uns Menschen nie gelingen,
zu irgendwas Ihn zu zwingen.
Wir haben auf Gott keine Rechte,
denn Er ist Herr, wir sind Knechte.
Er muss nicht immer unsern Willen
so wie ein Automat erfüllen.
Wir dürfen zwar durch Christus wagen
dass auch zu Gott wir „Vater“ sagen,
doch wem als Vater er gewogen,
der wird durch Ihn doch auch erzogen
und muss es sich gefallen lassen:
Er hat das Recht, hart anzufassen,
um Seine Ziele zu erreichen,
dass wir von falschen Wünschen weichen,
auf Irdisches auch mal verzichten,
stattdessen mehr nach Gott zu richten,
denn es liegt wohl in Gottes Plänen,
dass wir nach Seinem Reich uns sehnen,

wo einmal es im ew'gen Leben
nie Ärger, Leid und Schmerz wird geben,
stattdessen große Herrlichkeiten,
die Gott dort wird auch uns bereiten.
Wenn dann im Geist zurück wir sehen
auf unser irdisches Geschehen,
dann werden dankbar wir erkennen:
Es ist doch wunderbar zu nennen,
wie Gott als unser Herr es machte,
der stets an unser Heil nur dachte.
So woll'n bei irdischen Geschicken
wir stets auch auf das Ziel hinblicken
und dann kann immer es nur heißen:
Gott ist von uns doch stets zu preisen.

Lob des Schöpfers heute

Seit dem die Erde hier besteht,
sie täglich um sich selbst sich dreht,
und niemand schiebt von außen an.
Ob man da Gott nicht loben kann?

Gott hat das deshalb so gemacht,
dass überall, mal Tag, mal Nacht,
denn ohne unser Sonnenlicht
geht Leben auf der Erde nicht.

Und dieser täglich Sonnenschein
dringt dann in unsre Erde ein
und wärmt sie dabei so weit an,
dass Leben sich entfalten kann.

Gott hat die Erde auch getan
in eine Sonnenumlaufbahn.
So hält verschied'ne Jahreszeit
Verschiedenes für uns bereit.

Auch gibt es schon von alters her
die Kontinente und das Meer.
Dort zieht die Sonne Wasser an,
das dann aus Wolken regnen kann.
Wenn Regen dann die Erde nässt,
sie aus dem Erdreich sprießen lässt
die Pflanzen, und sie wachsen dann
zu voller Schönheit dort heran.

Wie's die Natur zustande bringt,
dass immer wieder es gelingt,

dass alle Kreatur wird satt,
zeigt, dass es Gott geordnet hat.

Bei Luft, um die's beim Atmen geht,
auch ein Zusammenhang besteht:
Von dem, was Menschen atmen aus,
macht Wald dann Sauerstoff daraus.

Es leuchtet uns'res Schöpfers Spur
aus allem Kreislauf der Natur,
wo nach dem Alten, das vergeht,
dann immer Neues auch entsteht.

Wenn nun der Mensch wird vorgestellt,
wie alles sich bei ihm verhält,
der hört und sieht und denkt und spricht,
dann gibt's auf Erden Bess'res nicht.

Beim Menschenleib passiert so viel
in herrlichem Zusammenspiel,
damit ein Mensch so vieles kann.
Ist das nicht Gottes Wunder dann?

Es steht auf einem andern Blatt,
dass dieser Mensch gesündigt hat
und immer wieder noch bis jetzt
die Ordnung Gottes arg verletzt.

Wohin des Menschen Selbstsucht führt,
man mancherorts auf Erden spürt;
Schon manches hat der Mensch zerstört,
der nicht auf Gottes Auftrag hört.

Doch herrlich ist, wie Gott erhält
die Menschen-, Tier- und Pflanzenwelt!
Wie sehr Ihm doch am Herzen liegt,
dass jeder, was er braucht, auch kriegt.

Wer in der Welt die Fülle sieht,
was in und auf ihr so geschieht,
wie alles doch so wunderbar
ist in der Kreaturen Schar,

der findet es von großem Wert,
dass Gott man als den Schöpfer ehrt
und dass man niemals es vergisst,
dass Sein Geschöpf als Mensch man ist.

Wenn das der Mensch gebührend tut,
dann ist es für ihn selbst auch gut,
weil Gott, der Schöpfer Segen schenkt
dem, der in Ehrfurcht an Ihn denkt.

Das christliche „Mehr“

In allem ist der Mensch beschränkt,
und wer nur irdisch-menschlich denkt,
der kann so manches Phänomen
auf dieser Erde nicht versteh’n.

Bei allem, was von dem Verstand
in dieser Welt wird nicht erkannt,
soll dies dann die Erklärung sein:
Das bildet sich der Mensch nur ein.

Wer sich von Gott beschenken lässt,
der stellt dann voller Freude fest,
dass manches er viel tiefer sieht
bei dem, was in der Welt geschieht.

Er findet für sich selbst auch gut,
dass Gott auch heute Wunder tut,
wenn man als Mensch im Glauben fest
auf Ihn als Helfer sich verlässt.
Auch richtet man als Mensch den Sinn
auf Gottes Ewigkeit dann hin,
und wer an Christus glaubt, der weiß:
Im Himmel liegt sein Siegespreis.

Frohe Christliche Gelassenheit

Für mich und alle anders Schwachen
ist Christsein ein Gewinn.
Ich muss mich selbst nicht stärker machen
als ich Wahrheit bin.

Ich muss nicht andre Leute zwingen,
was jeder machen soll:
ein stetes Loblied auf mich singen,
als wäre ich ganz toll.

Auch muss ich keine Schuld verstecken,
die ich begangen hab.
Mich kann da niemand mehr erschrecken,
weil Jesus sie vergab.

Gott neigt sich bis zu mir hernieder
mit Seines Geistes Kraft,
und dabei spür' ich immer wieder,
was Er in mir dann schafft.

So bin ich glücklich und zufrieden,
denn es gefällt mir sehr,
was mir durch Gott stets wird beschieden.
Was will ich da noch mehr!

Sinn des Betens

Wenn jemand gar nicht mit uns spricht,
gefällt uns das wohl alles nicht.
Doch denkst du, dass es Gott gefällt,
wenn man sich stumm zu Ihm verhält?

Gott bietet uns als Vater an,
dass so man mit Ihm reden kann,
wie das ein Kind zum Vater tut.
Er meint es dabei mit ihm gut.

Natürlich sei da stets bedacht,
dass Gott nicht einfach alles macht,
was Er von uns zur Kenntnis nimmt.
Er ist der Herr, und Er bestimmt.

Wenn nicht das, was du willst, geschieht,
bedenke, dass Gott auch erzieht,
und darin liegt ein großer Sinn:
Er führt zur Ewigkeit uns hin.

Wenn es beim Beten darum geht,
dass dem der Wunsch entgegensteht,
was Gott als Ziel für uns begehrt,
dann bleibt Erfüllung uns verwehrt.

Weil Gott der Herr allmächtig ist
und nicht beschränkt, wie du es bist,
weiß besser Er, was vorteilhaft
für dich und was dir Segen schafft.

Christliche Altersgedanken

Wenn man in einem Alter steht,
wo es so langsam abwärts geht,
wo man nun an so manchem Tag
nicht das schafft, was man gern mag,
wenn einen oft der Schmerz mal plagt
und andres ist, was nicht behagt,
fällt einem diese Frage ein:
Wie wird noch deine Zukunft sein?
Wird auch bei dir mal das gescheh'n,
was du bei andern schon geseh'n,
dass dir ein Krankenlager droht,
von dem dich erst erlöst der Tod?
Das Alter macht das Leben schwer,
und das belastet einen sehr.
Doch kommt in der Gedanken Qual
von Gott her dieser Hoffnungsstrahl:
Wenn man im Glauben als ein Christ
mit Christus fest verbunden ist,
dann weiß man, wenn auf Ihn man sieht,
was nach dem Tode dann geschieht.
Er, der zu Ostern auferstand,
nimmt einen dann an seine Hand
und führt nach allem Erdenleid
zu Sich in Seine Herrlichkeit,
wo neu man und für ewig dann
bei Ihm und mit Ihm leben kann
in einer göttlich schönen Pracht,
die besser ist, als man gedacht.
Wenn man sich das vor Augen hält,
erträgt man, was jetzt nicht gefällt,
weil das, was Christus uns beschert,
von unvergleichlich hohem Wert.

Freiheit eines Christenmenschen

(nach Martin Luther)

Wer fest an Gott glaubt als ein Christ
voll innerlicher Freiheit ist,
doch macht ihn Liebe jederzeit
zum Dienst am anderen bereit.

Grenzüberwindung

Der Mensch in aller seiner Kraft
ist letztlich zu bedauern,
weil er es doch nicht weiter schafft
als zu den Todesmauern.

Doch weil es Jesus Christus gab,
der einst vom Tod erstanden,
ist Hoffnung jenseits von dem Grab
nun auch für uns vorhanden.

In geistlich-leiblicher Gestalt,
in der dann neu wir leben,
wird Sünde und des Tods Gewalt
es nicht mehr für uns geben.

In dieser Welt voll Herrlichkeit
in der für uns ganz neuen,
wird Christus uns zu jeder Zeit
als unser Herr erfreuen.

Verbreitete Fehleinschätzung

Es ist des Menschen Übermut,
sich selbst zu überschätzen.
Man sollte das stets, was Gott tut,
an erste Stelle setzen.

Christlicher Lebenslauf

Es hat Gott auch für mich bestimmt,
wann Leben seinen Anfang nimmt.
Dann fand auch meine Taufe statt,
wo Gott zu mir gesprochen hat:
„Du bist durch Jesus Christus mein
und ich will auch dein Vater sein."
So wurde ich als Mensch auch Christ,
der Jesus Christus dienstbar ist.
Ich habe manches dann geschafft,
weil Gott mir dazu gab die Kraft,
und wenn ich auch gesündigt hab,
mir Gott doch gern die Schuld vergab.
Ich habe öfters es gespürt,
wie schön es ist, wenn Gott mich führt;
und wenn ich sehr in Nöten war,
half Er auch manchmal wunderbar.
Und ging es auch durch manches Leid,
war Er doch Tröster allezeit,
der als mein Heiland zu mir sprach:
„Im Leiden folgst du Christus nach,
der nur, indem Er litt und starb,
für alle Menschen Heil erwarb,

doch alles Leiden überwand,
als vom Tod Er auferstand.
Und Er, der jetzt im Himmel wohnt,
auch dich dort einmal reich belohnt."

So endet dieser Lebenslauf,
wenn Gott mich in Sein Reich nimmt auf.

Zwei Wege – Mt. 7,13 f

Willst du Jesus Christus sehen
dort in Gottes Herrlichkeit,
musst den rechten Weg du gehen
hier in dieser Welt und Zeit.

Geh nicht den, den viele nehmen,
folge nicht auf deren Spur,
denn die breiten und bequemen
führen ins Verderben nur.

Darum lass dich nicht betören
von dem, was du hörst und siehst!
Lerne, recht auf Gott zu hören,
wenn du in der Bibel liest!

In der Bibel stehen Worte,
die uns eine Warnung sind:
Schmal der Weg und eng die Pforte
sind, wo unser Heil beginnt.

Doch die Wahrheit nur zu kennen,
darauf lass es nicht beruh'n!
Du sollst dann im Herzen brennen,
Gottes Willen auch zu tun.

Lass von Gottes Geist dich leiten!
Er führt dich in rechtem Sinn.
Lässt dich falsche Wege meiden
und führt dich zu Christus hin.

Falsches und richtiges Gottesverhältnis

Läuft es beim Menschen wie gewollt,
dann er sich selber Beifall zollt,
dann ist auf Ehre er bedacht:
„Schaut her, das hab ich gut gemacht!"

Doch wenn ihm irgendwas missfiel,
dann bringt er plötzlich Gott ins Spiel
und alle Schuld auf Ihn er schiebt:
„Wo ist Er, der doch Menschen liebt?"

Doch wenn ein Mensch sich so verhält,
er damit über Gott sich stellt,
zu dem er voller Hochmut spricht:
„Das darfst Du, und das darfst Du nicht."

Jedoch ist es total verkehrt,
wenn so ein Mensch mit Gott verfährt.
Genau das Gegenteil ist recht.
„Du Gott, bist Herr und ich nur Knecht."

Was ich als Mensch geleistet hab',
geschah durch Kraft, die Gott mir gab.
Drum gelte für uns Menschen hier:
„Die Ehre, Gott, gebührt nur Dir."

Das Gut tun ist Menschenpflicht,
und tut der Mensch doch dieses nicht,
dann gebe dies vor Gott er zu:
„Ich bin als Sünder nicht wie Du."

Und Er erkenne dies auch an,
dass Gott den Sünder strafen kann.
Doch wenn Er gnädig sich erweist,
gehört sich, dass der Mensch Ihn preist.

„Ich lobe, Gott, Dich immerdar.
Du machst in Christus offenbar,
dass Du der Menschen Heiland bist,
dem sehr dafür zu danken ist.“

Christliche Perspektive im Alter

Wenn auch jetzt langsam Kräfte schwinden
am Körper so wie auch am Geist,
schau doch ich lieber statt nach hinten
nach vorn, nach dem, was Gott verheißt.

Denn es gibt nicht nur dieses Leben,
das mit dem Tod zu Ende geht.
Gott wird mir neues Leben geben,
das ewig dann bei Ihm besteht.

Mit einem Geistleib, einem neuen,
aus göttlicher Substanz gemacht,
kann ich dann ewig mich erfreuen
an Gottes wunderbarer Pracht.

Der Zugang ist durch Christus offen,
der einst den Todeszaun durchbrach.
Begründet hat Er unser Hoffen.
Wer glaubt, folgt Jesus Christus nach.

Ernsthaftes Christsein

Willst mehr als Namenschrist du sein,
dann präge es dir sorgsam ein,
dass das auch Konsequenzen hat.
Es findet Folgendes dann statt:

Man spürt den Hass auch dieser Welt,
weil vielen Menschen nicht gefällt,
dass man durch Gott als wahrer Christ
den andern überlegen ist.

Doch wer sich ganz auf Gott verlässt,
stellt dankbar Seine Hilfe fest
und dass uns Menschen Er zugut'
auch manchmal große Wunder tut.

Echtes Beten
(Matth. 6,5 f.)

Drückt dich dein und andrer Jammer
gehe still in deine Kammer
und vor anderen verborgen
bring vor Gott all deine Sorgen.

Wünsche nicht, dass andre reden:
„Oh, wie schön kann dieser beten!"
Betend seinen Ehrgeiz stillen,
das ist nicht nach Gottes Willen.

Schau auf Gott den Vater droben,
nicht auf Menschen, die dich loben,
sonst wirst du für dein Verhalten
nicht von Gott den Lohn erhalten.

Hast du keine Redegaben,
brauchst du keine Ängste zu haben.
Gott sieht, was im Herzen drinnen,
nicht, wie schön die Worte rinnen.

Reformation, Luther und wir

Ein kritisches Lehrgedicht

1.

Es brauchte einst der Papst in Rom
viel Geld für seinen Petersdom.
Das brachte ihn auf die Idee,
dass jemand zu den Deutschen geh'
und Ablassbriefe biete feil,
dass jeder hat am Himmel teil,
weil er von aller Schuld befreit
ermöglicht ist zur Ewigkeit,
wenn, wie vom Händler ausgemalt,
er da entsprechend Geld bezahlt.

Dass in der Kirche gegen Geld
Vergebung man der Schuld erhält,
wie Ablasshändler Tetzel dies
lautstark aus seinem Munde ließ,
hat damals Luther sehr empört,
denn wer auf Gottes Wort recht hört,
aus diesem leicht erkennen kann:
Nur Jesus Christus ist der Mann,
der durch das Werk, das Er vollbracht,
uns von der Sünde frei gemacht,
damit Vergebung der empfängt,
der glaubend sich an Christus hängt
und so, wie dieser es versprach,
zu Gott kommt, seinem Heiland nach.

Dass dies als Wahrheit gültig blieb,
einst Luther seine Thesen schrieb,
damit die Welt darüber spricht,
wer dabei Recht hat und wer nicht.

Und dabei gibt's schon ein Problem,
das jetzt der Kirche nicht genehm.
Wie überall jetzt in der Welt
geht's auch der Kirche jetzt ums Geld.
Weil's nicht mehr so wie früher reicht,
man bei den Pfarrern Stellen streicht.
Egal, ob noch der Dienst gelingt,
das Geld im Topf uns dazu zwingt.

Und lange schon war vielen klar,
dass dies der Kirche Meinung war:
Egal, was uns als Christenpflicht
die Bibel auflegt und was nicht,
zahlt treu man das verlangte Geld,
kann jeder tun, was ihm gefällt.
Entscheidend ist: der Rubel rollt.
Hat Luther einst das so gewollt?

2.
Zur Zeit, als Luther einst gelebt,
hat man in Rom danach gestrebt,
dass Hochkultur vom Altertum
gelangt zu neuem Glanz und Ruhm.
Von Päpsten man da sagen kann:
Sie gingen munter da voran.
Wer auf des Petrus Stuhl dort saß,
fast ganz, was christlich war, vergaß.
In der Theologie indes
der Heide Aristoteles
in der Scholastik hat bestimmt,
wo Denken seinen Anfang nimmt.
Erasmus als ein Humanist
betonte das, was menschlich ist.

So lehrte auch die Kirche dann:
Es kommt doch auf den Menschen an.

Doch Luther hat vom Geist der Zeit
die Kirche dann total befreit.
Er wies stets auf die Bibel hin
und sagte: Es ist deren Sinn,
dass mit ihr wirkt der Gottesgeist,
der uns an Jesus Christus weist.
Er ist der Herr, der Kirche Haupt.
Sie lebt, wenn recht an Ihn sie glaubt.

Wer unsre Kirche heute kennt,
die sich zwar wohl nach Luther nennt,
ist meilenweit davon entfernt,
dass sie mal hier von Luther lernt.
Es wird, was in der Welt passiert,
auch in der Kirche eingeführt.
Ob das der Bibel auch entspricht,
das kümmert unsre Obern nicht,
zumal wenn man die Kunst versteht:
Was mir nicht passt, wird so gedreht,
dass unsrer Zeit gerecht es wird.
Und wer's nicht so versteht, der irrt.
Und so ereignet sich jetzt viel.
Es ist ein wahres Trauerspiel.
Und dann führt man noch Luther an,
weil der sich nicht mehr wehren kann.

3.
Und noch ein Drittes ist es wert,
dass das Problem man sieht und klärt.
Es ist die Frage nach dem Geist,

der in bestimmte Richtung weist.
Ob man durch Gottes Geist geprägt,
in Liebe dieses auch erträgt,
dass jemand klar und deutlich spricht:
„Wie Ihr das macht, so geht es nicht."
Ob durch Gespräch man bereit
zu klärendem Gedankenstreit,
indem die Bibel man befragt,
was sie zu dem Problem denn sagt
und dann die Wahrheit anerkennt,
auch wenn sie mal ein andrer nennt.
Ob andrerseits man ist bedacht,
dass der zum Schweigen wird gebracht,
der es so trotzig-kühn gewagt,
dass er die Wahrheit hat gesagt
und einem es so gar nicht schmeckt,
was dieser Mensch da hat entdeckt;
dass lieber schnell man mit Gewalt
den andern bringt zum Schweigen bald.

So ein Gespräch fand niemals statt,
wie Luther es gewünscht sich hat.
Man hat ihm damals nur gedroht:
Mach, was die Kirche dir gebot!
Sei, weil sie deine Obrigkeit,
zur Unterwerfung stets bereit
und heiße alles in ihr gut,
egal was diese Kirche tut!
Ist es auch mal ein schlechter Schritt,
mach alles, was verlangt wird, mit!
Denn bringst die Kirche du in Wut,
bekommst du einen Ketzerhut,
so wie man einst vor 100 Jahrn
mit Hus aus Böhmen ist verfahrn.

Von seiner Wahrheit überzeugt,
hat so sich Luther nicht gebeugt.
Egal, wie es mit ihm man trieb,
Gott ists, dem er gehorsam blieb.

Wenn man die Kirche heute sieht,
was ist's, was da in ihr geschieht?
Man spricht schon seit der Nazizeit
in ihr von Nichtgedeihlichkeit,
wenn sich ein Pfarrer so verhält,
wie es der Mehrheit nicht gefällt.
Bei dem Gesetz man gar nicht fragt,
was denn die Bibel dazu sagt,
was irgendwo ein Pfarrer tut,
ob dieses schlecht ist oder gut.
Das alles hat nur einen Zweck:
Der Unterlegene muss weg.

Und damit tut man dieses grad',
was einstmals man mit Luther tat.

Ich frage allerdings mich dann:
Wieso man Luther feiern kann,
wenn dabei es um einen geht,
der auf der Gegenseite steht.

Fängt man nun bald zu feiern an,
dass Reformation begann,
hat solches Feiern dann nur Sinn,
führt es uns neu zur Buße hin,
dass man auf Gott, auf Christus schaut
und nicht so sehr auf sich vertraut.
Das wäre auch in Luthers Geist,
wie seine These 1 beweist.

Menschenwelt und Gott

Hast du im Herzen Gottes Frieden,
den, wer an Christus glaubt, erhält,
dann ist dir damit mehr beschieden
als aller Reichtum dieser Welt.

Denn alles, was die Welt kann geben,
vergeht schon oft nach kurzer Zeit;
doch Christus gibt das ew'ge Leben
bei Gott in seiner Herrlichkeit.

Darum lass dich von Gott beschenken.
Er rettet dich aus aller Qual.
Was and're Menschen von dir denken,
das sei dir letztlich scheißegal.

Kategorie 5: Als Mensch in unserer Zeit

Menschen und Umwelt

Sie schütten, um ihn los zu sein,
den Unrat in das Meer hinein.
Doch langsam macht dann dieser Schutt
die Menschen selber auch kaputt.

Die Bildzeitung

Wer, wenn das Frühstück ist verdaut,
am Morgen in die Zeitung schaut,
der fragt, wann bringt sie wieder mal
so einen richtigen Skandal.

Die Jahrhundertflut

Es denkt der Mensch in seinem Wahn:
„Das Leben läuft nach meinem Plan",
bis durch die Flut ihm deutlich wird,
dass er in seinem Hochmut irrt.
Doch ist vom Übermut befreit
der Mensch zum Helfen gern bereit,
dann ist sogar ein Bruch vom Deich
trotz allem Leid auch segensreich.

Herr Jens Becher

Die Menschheit wird jetzt immer frecher,
weil immer mehr sie Gott vergisst;
und darum schätze ich Herrn Becher,
weil er nicht so wie andre ist.

Wir Alten

Wenn so langsam nun wir Alten
schwächer werden hier auf Erden,
sollten wir uns so verhalten,
dass barmherziger wir werden.

Technik und Liebe

Was hilft es, wenn man viel erfindet,
das uns Erleichterung gebracht,
wenn immer mehr die Liebe schwindet,
man gegenseitig schwer sich's macht.

Beerenstarke Erkenntnis

Ich war in einem Erdbeerfeld
und sammelte dort Beeren.
Was ich bei denen festgestellt,
will ich jetzt andre lehren.

So manche stellte toll sich dar,
man sah sie mit Entzücken,
doch wie die andre Seite war,
riet ab, sie auch zu pflücken.

Da fielen mir die Menschen ein,
besondere Gestalten,
bei denen kann es ähnlich sein,
wie sie sich so verhalten.
So mancher Mensch ganz toll erscheint,
kann scheinbar Großes leisten,
so dass, wie er auch will, man meint,
man lobt ihn recht am meisten.

Doch wenn dann plötzlich es geschah,
dass jemand das entdeckte,
was er, damit es niemand sah,
vor andern gern versteckte,

dann ist die Klage manchmal groß.
Erschreckend ist die Pleite.
Und dabei ist das alles bloß
von ihm die andre Seite.

Richtiger und falscher Umgang mit Schuld

Was jeder Mensch im Leben tut,
ist leider nicht nur immer gut,
und deshalb gibt's seit langer Zeit
in dieser Welt auch Leid und Streit.
Das gibt es nicht nur irgendwo.
Es ist auch in der Kirche so.
Wird irgendwann nun offenbar,
dass, was geschah, nicht richtig war,
wär' gut es, wenn man ungefragt
bei Schuld das Wort „Verzeih mir!" sagt,
und dass dem, der dazu bereit,
man gern dann alle Schuld verzeiht.

Doch dass man solche Worte spricht,
geschieht meist in der Kirche nicht.
Man ist stattdessen zu dem Mann,
dem man geschadet, freundlich dann
und redet lächelnd diesen an,
so dass der sich nur wundern kann
und denkt: Auf diesen schönen Schein
fällt doch der andere herein
und meint, wenn man sich so verhält,
ist alles Unrecht aus der Welt,
wobei man leider gar nicht sieht,
dass neues Unrecht so geschieht,
weil keinem Menschen es gefällt,
wenn letztlich man für dumm ihn hält.

Ich Computermuffel

Herr Icks sitzt oft vor dem Computer,
ganz angestrengt ist sein Gesicht.
Ich aber bin ein dummes Luder,
beherrsche den Computer nicht.

An einen Westdeutschen

Man sagte uns, die aus dem Osten,
sie sind für uns nur Klotz am Bein,
denn sie verursachen nur Kosten.
Wie schön würd' ohne sie es sein.
Doch nun sind zwei es aus dem Osten
von unserm deutschen Vaterland,
die haben jetzt die höchsten Posten.
Das geht mir über den Verstand.
Man sollte mehr die Bibel lesen,
dann wird es leicht verständlich, denn
Gott stürzt oft die, die hoch gewesen
und Er erhöht die Niedrigen.

Professor Ernst Sommerlath

In Leipzig, dieser schönen Stadt,
da wirkte auch Ernst Sommerlath,
der damals ein Professor war
und dort Theologie bot dar.

Nicht jedes Klüglings Neuigkeit
hielt seine Vorlesung bereit,
doch was von bleibend hohem Wert
hat klar und deutlich er gelehrt.

Man lernte hier des Christseins Sinn.
Er wies auf Jesus Christus hin
als Mittelpunkt der Heil'gen Schrift
und auf sein Werk, das uns betrifft.

Geprägt durch Luther zeigte er:
Ein rechter Christ schätzt Denken sehr,
das seine Tiefe dann erhält,
wenn man sich unter Christus stellt.

Doch nicht im Hörsaal nur fand statt,
was uns an ihm gefallen hat.
Er war bei allem stets bestrebt,
dass er, was er uns lehrt, auch lebt.

Und wenn er um die Wahrheit stritt,
dann wirkte stets die Liebe mit.
Wär' das bei jedem so gepaart,
dann bliebe uns viel Leid erspart.

Des Menschen Wandlungsfähigkeit

Wenn jemand um ein Werden bangt,
wird er dich bittend suchen;
doch wenn ein Starker es verlangt,
wird er dich dann verfluchen.

Wenn später sich Erkenntnis zeigt:
Ein Fehler war's, ein schlimmer,
man fest zu seinem Unrecht schweigt,
tut freundlich wie einst immer.

Und sieht mal jemand Unrecht ein,
dann darf es niemand zeigen.
Gewahrt sein muss der schöne Schein.
Die Antwort heißt nur: Schweigen.

Dass ehrlich man darüber spricht,
wird heute kaum noch glücken.
Man sagt es nicht mehr ins Gesicht,
man sagt es hinterm Rücken.
Ob's Wahrheit oder Lüge sei,
tut nichts in solchen Fällen,
denn ist der Dritte nicht dabei,
kann er nichts richtigstellen.

Computergedanken

Welche Möglichkeiten heute
schafft die Technik für die Leute!
Man kann am Computer twittern,
so dass andere erzittern,
denn man kann durch Böses-Schreiben
Menschen zur Verzweiflung treiben.
Wehrt dem Treiben der Idioten!

Solcher Unfug sei verboten!

Menschliche Grundeinstellung heute – Ende der Demokratie morgen

Es macht den Menschen jetzt Vergnügen,
den Staat um Steuern zu betrügen;
doch schreien sie nach Polizisten,
die uns doch besser schützen müssten.

Mit Kirche ist man zwar zufrieden,
wenn Dienst und Kunst sie hat zu bieten;
Doch Kirchensteuerpflicht für jeden,
ist Anlass, aus ihr auszutreten.

Die Menschen achten nicht Gebote,
bei denen Gott mit Strafe drohte,
doch wenn sie Unheil dann erleben,
wird Gott dafür die Schuld gegeben.

Die Menschen wollen nur verlangen
und das Verlangte schnell empfangen.
Jedoch die dafür nöt'gen Pflichten,
die wollen sie oft nicht verrichten.

Man fragt sich, wohin soll das führen?
Man wird es wohl in Zukunft spüren.
Es kann wohl so nur weitergehen,
dass wir vor Scherbenhaufen stehen.

Es gibt dann wieder eine Wende.
Demokratie ist dann am Ende.
Zusammenleben wird misslingen.
Man muss die Menschen wieder zwingen.

Stasi und Liebe

Er fragte sie im letzten Jahr,
als sie sich wieder trafen,
ob Auftrag es der Stasi war,
dass sie zusammen schlafen.

Da sagte sie, erst ganz perplex:
„Ich hab es nicht vergessen.
Ja, ja, man wollte bei uns Sex,
um dich dann zu erpressen.

Ich ließ auf dieses Spiel mich ein,
zu schwach, um mich zu wehren,
jedoch mein Körper sagte „Nein“
zu schändlichem Begehren.

Es wirkte wohl der Liebe Kraft,
die tief im Herz ich spürte,
dass ich es damals nicht geschafft,
dass ich dich arg verführte.
Nun bitt' ich dich, verdamm' mich nicht,
für das, was einst gewesen.
Du kannst ja, was mein Herz jetzt spricht,
aus meinen Augen lesen.“

Romeo und Julia in Leipzig (mit Happyend)

Als sich in Leipzig einst vor Jahr'n
zwei Menschen sehr geliebt,
die Eltern strikt dagegen war'n,
dass es mal Hochzeit gibt.

Die Väter waren sich sehr feind,
weil da in dieser Stadt
der Fußball hat nicht sie vereint,
vielmehr gespalten hat.

Bei Spielen in demselben Block
sah man die beiden nie.
Der eine war ein Fan von Lok,
der andre von Chemie.
Und drum für sie unmöglich war,
dass dieses träte ein,
dass ihre Kinder mal ein Paar
zur Hochzeit würden sein.

Es fragten sich die beiden da:
Was sollen wir jetzt tun?
Wie Romeo und Julia
tot in der Elster ruh'n?

Doch dann hat sich's geändert sehr
für manche war's ein Schock:
Es spielten keine Rolle mehr
sowohl Chemie als Lok.

Dafür trat auf in Leipzig dann
RB als ein Verein,
wo wieder Fußballspiel begann,

anschauenswert zu sein.
Den beiden Vätern es gefiel
jetzt zu RB zu gehn
und sich bei denen jedes Spiel
beim Fußball anzusehn.

Weil nun der Fußball sie verband
im selben Sportverein,
die Kinder auch im Ehestand
bald konnten glücklich sein.

Tante Friedas Sorgen

Es sagte einmal Tante Frieda,
die immer stark und mutig war:
„Ich fahre montags zu Pegida,
denn vom Islam her droht Gefahr.“

„Es haben doch die Islamisten“,
sprach weiter sie ganz sorgenvoll,
„gewiss schon ihre schwarzen Listen,
wer mal ermordet werden soll.

Und so etwas soll nie geschehen
in unserm deutschen Vaterland;
drum gilt für alle aufzustehen
zu wirkungsvollem Widerstand.“

Weil Tante Frieda so gesprochen
ins Ohr und auch ins Herz hinein,
sind viele damals aufgebrochen,
um montags mit dabei zu sein.

Reformationsjubiläum – gut oder schlecht

Wenn Evangelische bald feiern
das Werk der Reformation,
dann gibt es ein Herum-nur-Eiern.
Der Kenner spürt das heute schon.

Da haben Angst sie wie die Hasen,
dass jemand mal von Sünde spricht.
Sie dreschen lieber tolle Phrasen.
Von Christi Heilswerk spricht man nicht.

Da spucken sie dann hohe Töne
vom Menschen und von seinem Wert,
doch nichts, dass Christus ihn versöhne,
durch Ihn Vergebung er erfährt.

Obwohl sie nichts an Luther schätzen –
was sie vertreten, griff er an –,
hört man in ihren tollen Sätzen,
wie sehr man Luther ehren kann.

Ich weigere mich, mitzumachen
bei solchem heuchlerischen Spiel.
Ich hasse solche krummen Sachen.
Stets echt zu sein, das ist mein Ziel.

Wenn bald wir neu an Luther denken
und an das Werk, was er vollbracht,
dann will das uns zur Buße lenken,
zu Christus, der uns selig macht.

Wenn dies im Mittelpunkt wird stehen,
führt uns das Fest zu Christus hin,
dann wird es heilsames Geschehen,
dann ist es auch in Luthers Sinn.

Es kann doch jeder selbst es lesen,
worum es Martin Luther geht.
Schon in der ersten seiner Thesen
von Jesus und von Buße steht.

Eine alte Zeitschrift

Zu DDR-Zeit einst erschien
auch monatlich „Das Magazin".
Da war auch stets ein Bild dabei,
wo eine Dame hüllenfrei
man dort auf einem Bilde sah,
gefilmt von einer Kamera.
Doch habe einmal ich gesehen,
da standen sogar ihrer Zehn;
doch was bei ihnen anders war:
Sie boten sich von hinten dar.
Jedoch sie standen halb im Kreis.
Darum gab die ganz rechts auch preis
links einen Teil von dem Gesicht.
Das kannte ich, das andre nicht.
Denn wie sie da bei andern stand,
da dacht' ich: Die ist dir bekannt;
Das ist vielleicht doch die Person,
die kennst du aus der Schulzeit schon.
Doch hab' ich ihr das nicht gesagt,
weil ihr das wohl nicht sehr behagt,
wenn ich es habe festgestellt,
dass sie das tat einst wegen Geld,
und manche auch, die mal tat dies,
sich später dann erpressen ließ.
Doch denke ich darüber nach,
dann fällt mir ein, was Jesus sprach:
„Meinst ohne Sünde du zu sein,
dann wirf auf sie den ersten Stein."
1. Johannes 8,7b

Zivilcourage eines Bausoldaten

Im DDR genannten Staat
war einst auch ich ein Bausoldat;
der nahm in unserm Vaterland
nie eine Waffe in die Hand,
weil es ihn allzu sehr verdross,
wenn einer auf den andern schoss.

Mit anderen, die so gedacht,
hat Baueinheiten man gemacht,
die deshalb man hat aufgestellt,
damit im Wald man Bäume fällt
und am vorausbestimmten Ort
errichtet einen Flugplatz dort.

Nun war ein Unteroffizier
ganz offenbar kein Freund von mir.
Und als einmal in diesen Jahr'n
im Winter wir im Freien war'n
hat dieser den Befehl gebracht:
Wir machen eine Schneeballschlacht,
und euer Ziel soll dieses sein:
schießt auf den Elsässer euch ein!
Als ich dann auch zur Kenntnis nahm,
was da auf mich geflogen kam,
blieb ich am Platz nicht stehen brav.
Ich wollte nicht, dass man mich traf.
Und als dann dieses war passiert,
hat dieser Mistkerl triumphiert.

Er hatte nämlich dies gelernt:
Wer sich mal unerlaubt entfernt,
dafür, dass er sich so verhält,
Bestrafung als Soldat erhält.

So hat man denn verkündet dies:
„Weil Elsässer den Platz verließ
und so die Ordnung hat verletzt,
darf er nicht fahr'n nach Hause jetzt –
wie nach acht Wochen alle ihr.
Genosse Elsässer bleibt hier."
Als Helmut Lehnert das gehört,
hat das ganz furchtbar ihn empört.

Die andern blieben alle still,
weshalb ich ihn nur loben will.

Er sprach: „Was ihr jetzt zu uns sprecht,
das ist doch furchtbar ungerecht.
Vor dem, was ihm da widerfuhr,
hat er doch nur geschützt sich nur.
Wenn deshalb ihn bestraft jetzt ihr,
dann bleibe ich mit ihm auch hier."
Sein Reden hat Erfolg erzielt,
so dass auch ich das Recht erhielt
in einen Zug zu steigen ein,
um wieder mal zu Haus zu sein.
So wurde durch Herrn Lehnerts Mut
für mich die ganze Sache gut.

Mensch, Welt und Gott

Es hat der Mensch mit dem Verstand
sehr viel inzwischen schon erkannt,
woraus so manches in der Welt
besteht, und wie es sich verhält,
bei manchem Ding, das man so sieht,
und warum dies und das geschieht.
So treibt mit seines Geistes Kraft
der Mensch so manche Wissenschaft.
Was früher Menschen oft erschreckt,
hat als natürlich man entdeckt.
Man weiß, warum etwas versinkt,
wenn man es in das Wasser bringt,
und warum Holz doch oben schwimmt,
wenn man es mit ins Wasser nimmt.
So manches hat der Mensch erdacht,
was jetzt das Leben leichter macht.
So manche Krankheit auch verschwand,
weil man die Ursache erkannt.
So zeigt sich, dass des Menschen Geist
da Überlegenheit beweist,
wo es um so etwas nur geht,
das ganz aus Irdischem besteht.

Beim Menschen ist das anders schon.
Er ist nicht Ding, er ist Person.
Drum sei vom andern dies gelehrt:
Er ist wie ich von gleichem Wert.
Darum sei Ehrung ihm geschenkt,
auch wenn er manchmal anders denkt
und sich auch anders mal verhält,
als ich mir das hab' vorgestellt.

Verstehen kann ich manchmal nicht,
was er tut und was er spricht.
Und ich erkenne dies auch an,
dass er mal etwas besser kann
und manches besser weiß als ich.
So ist es halt, so zeigt es sich.

Doch richtet dann des Menschen Sinn
auf Gott und Göttliches sich hin,
dann sei ihm, wenn er dieses wagt,
mit allem Ernst jetzt dies gesagt,
dass nötig, dass er nie vergisst,
dass Gott ihm überlegen ist,
und das gilt nicht ein bisschen bloß.
Der Unterschied ist riesengroß.
Gott weiß um alles überall.
Das ist beim Menschen nicht der Fall.
Gott weiß auch, was ein jeder denkt.
Des Menschen Macht ist da beschränkt.
Gott ist und handelt immer gut.
Der Mensch dagegen Sünde tut.
Er lebt auch nur bestimmte Zeit.
Gott war und bleibt in Ewigkeit.
Drum lässt ein Mensch auf Gott sich ein,
dann soll er voller Demut sein,
weil vieles er nie recht versteht,
wenn es um Gottes Walten geht
und vieles ihm verborgen bleibt,
auch wenn er Wissenschaft betreibt,
weil vieles anders sich verhält
mit Gott als sonst in dieser Welt.

Bei Gott man nur verstehen kann,
was Er uns selber bietet an,

dass man als Mensch es von Ihm kennt
und was man Offenbarung nennt.
Durch Jesus Wichtiges geschah.
Durch Ihn kommt Gott uns Menschen nah.
Darum muss man auf Jesus sehn,
will man nicht in die Irre gehn.
Die Bibel gibt von Ihm Bericht.
Drum hört auf alles, was sie spricht!
Sie gibt das rechte Gottesbild,
das auch für Menschen heute gilt.
Was sonst von Gott geredet wird,
da schätze ein, dass man sich irrt.
Denn ist ein Mensch auch noch so klug,
für Gott ist er nie klug genug.

BRD und DDR

In Deutschland gab es Widerstand
in allen beiden Staaten;
doch großer Unterschied sich fand
in Worten und in Taten.

Im Westen kam man nicht zum Ziel
durch Terror und durch Töten.
Im Osten dann die Mauer fiel
durch Kerzen und durch Beten.

Frau A. M.

Frau Angela, die Merkel heißt,
ist, wie sie oft genug beweist,
als deutsche Bundeskanzlerin
für Deutschland und die Welt Gewinn.

Drum lasst die Dame an der Macht!
Sie ist auf Deutschlands wohl bedacht;
und wählt sie auch das nächste Mal,
wenn sie sich wieder stellt zur Wahl!

Tante Frieda und Pegida

Es sprach zu mir die Tante Frieda:
„Es war in Deutschland doch noch nie da,
dass mitten in den deutschen Städten
Moscheen nun steh'n mit Minaretten.

Und dass bei Moslems Extremisten
die töten, die da werden Christen,
Dass solche Dinge nicht geschehen,
tut Not, dagegen aufzustehen."

Und darum fuhr die Tante Frieda
nach Dresden, wo sie bei Pegida
stolz durch die Straßen mit spazierte
und so dagegen demonstrierte.

Doch langsam fing sie an zu staunen:
Da gibt's doch viele von den Braunen,
die jetzt in Deutschland Aufwind spüren,
um wieder neu das Land zu führen.
Da Frieda niemals ausgeblendet,
wie deren Führen hat geendet.
Ist sie, so hat sie mir geschrieben,
nun deren Treiben ferngeblieben.

Das Warten

Das Warten ist kein leerer Wahn,
wart' ich auf eine Straßenbahn.
Ich steige ein, nachdem sie hält
und fahr', so weit es mir gefällt.

Das Warten hat auch einen Sinn,
wenn ich im Wartezimmer bin.
Denn irgendwann bin ich mal dran,
dass mich der Arzt behandeln kann.

Ich wartete als Bausoldat
im DDR genannten Staat
auf den Tag, an dem das tritt ein,
dass ich krieg' den Entlassungsschein.

Ich wartete, als ich studiert,
dass ich zum Pfarrer ordiniert
in einer Kirchengemeinde nun
mit meiner Frau den Dienst kann tun.

Ich wartete noch eine Zeit,
die auch gefüllt mit Leid und Streit,
dass man mir endlich gibt bekannt:
Du lebst nun in dem Ruhestand.

Doch hat mein Warten noch ein Ziel,
das als das schönste mir gefiel:
Dass Christus als der gute Hirt'
zur Ewigkeit mich führen wird,

wo ich in Seinem ew'gen Reich
als neuer Mensch den Engeln gleich
den schauen und stets loben werd',
der diese Herrlichkeit beschert.

Unseres Lebens Sinn

Der Mensch von heute strebt nach Geld,
denn es – so sagt man – regiert die Welt.
So macht man seines Lebens Sinn
zur Sucht nach irdischem Gewinn.

Doch merkt man bald, wohin das führt,
dass man im Innern Leere spürt
und dass man furchtbar wird bestraft,
weil Sucht nach Geld den Menschen versklavt.

Sehr oft wird heute vorgebracht,
dass Sex den Menschen glücklich macht,
wobei mit Recht man drauf verweist:
Der Mensch ist Leib und nicht nur Geist.

Doch herrscht im Menschen die Begier,
dann wird er mehr und mehr zum Tier
und steckt vielleicht sich irgendwann
mit einer bösen Krankheit an.

Damit der Mensch es dann vergisst,
wie öd und schlecht das Leben ist,
meint er, er fühlt sich nur noch wohl
mit Rauschgift oder Alkohol.
Und fängt er damit einmal an,
zerstört das ganz sein Leben dann,
so dass man wirklich jedermann
vor diesem Zeug nur warnen kann.

Der Weg aus irdischem Verdruss
ist auch für viele ein Genuss.
Man findet manche Speisen toll,
stopft damit seinen Magen voll,
genießt der schönen Bilder Blick,
erfreut sich auch an der Musik;
doch immer in ein Loch man fällt
nach Ende dieser Zauberwelt.

Ist deshalb gar nichts nun es wert,
dass man im Leben es begehrt?
Gibt's nichts, für das sich wirklich lohnt,
dass man als Mensch auf Erden wohnt?
In Jesus Christus ist das Heil,
man nimmt am wahren Leben teil,
wenn man im Glauben als ein Christ
mit Ihm als Herrn verbunden ist.

Man hat durch Ihn auf Erden schon
den Gottesfrieden als den Lohn,
hat Trost und Hilfe, Lebenskraft,
die Gott als Vater für uns schafft.
Und dann nach dieses Lebens Zeit
steht ewiglich für uns bereit
von allem Leid und Schmerz befreit
ein Leben voller Herrlichkeit.

Besuch einer Königin

(zu singen nach der Melodie: Flieg, Maikäfer flieg)

Nach Deutschland kam die Queen,
natürlich nach Berlin,
weil dort Angela Merkel wohnt,
bei der sich ein Besuch stets lohnt,
nach Deutschland kam die Queen.

Ein Frankfurtflug fand statt,
weil's dort den Römer hat.
Die Römer waren auch schon da
in antiqua Britannia.
Ein Frankfurtflug fand statt.

So ein Besuch gefällt.
Er kostet zwar viel Geld.
Doch sieht er eine Königin,
dann ist der Deutsche völlig hin.
So ein Besuch gefällt.

Griechenlandtragödie

Als ich eine Freundin hatte,
kam's zur Griechenland-Debatte
und sie wollte darum wetten,
ob wir Griechenland noch retten,
ob wir mit den Euro-Summen,
die wir senden, nicht die Dummen.
Da sprach ich: Es geht auch ohne
Griechen in der Eurozone.
Kommt es mit dem Land zum Grexit,
geht's ihm so wie deinem Ex, Grit.

Geschichtliche Parallelen

Vom Römerreich ist dies bekannt:
Es strömten mal in Scharen
Germanen einst in dieses Land,
die voller Hoffnung waren.

Sie wussten, dass im Römerstaat
viel Schönes man kann sehen,
und dass es ihnen in der Tat
dort würde besser gehen.
Für Rom gab's keine Möglichkeit
zu stoppen, was passierte,
weil dieses Land schon lange Zeit
sich selber dezimierte.

Und so ging einst das Römerreich
nur wenig später unter.
Ging uns es nicht bald diesem gleich,
dann wäre das ein Wunder.

Reise eines früheren DDR-Bürgers nach der Wende 1991

Früher war mir Helgoland
nur dem Namen nach bekannt,
und mir war schon lange klar,
dass dies Bildungsmangel war.
Als die Zonengrenze fiel,
war dann gleich mein Reiseziel,
dass ich in dem nächsten Jahr
mit der Frau zur Insel fahr'.
Als ich kurze Zeit danach
dies mit Gunther mal besprach,
hatte es ihm dieser Plan
gleich besonders angetan
und auch Frau Elisabeth
fand ihn sofort ziemlich nett.
Also ging ich braver Bub'
zu dem Delphin-Reise-Club
und bestellte voller Lust
eine Fahrt für den August,
und wir freuten uns schon, wenn
dann am sechsundzwanzigsten
unsre Fahrt beginnen soll;
O, das wäre wundervoll!

Als dann endlich dieser Tag
angefangen vor uns lag,
ging ich gleich mit meinem Schatz
zu dem ausgemachten Platz.

Bald schon sah'n wir mit Genuss
einen Palm-Touristik-Bus.

„Dies wird wohl der uns're sein“,
sprachen wir und stiegen ein.
Unsre Freude wurde groß,
denn es ging die Reise los.
Doch wir stellten bald schon fest:
Helgoland liegt doch Nordwest,
während unser Bus die Tour
doch in Richtung Osten fuhr.
Wir bemerkten, was das soll,
denn noch war unser Bus nicht voll,
und es stieg in Hohenstein
erst noch eine Meute ein,
bis in Stollberg dann zum Schluss
sich gefüllt hat unser Bus.
Dann ging's auf die Autobahn,
und es ging im Affenzahn
erst in Richtung Westen fort
dann bei Hernsdorf Richtung Nord.
Als dann Dessau kam in Sicht,
fuhren wir so weiter nicht,
sondern machten unsre Tour
auf normalen Straßen nur.
Bis nach Magdeburg wir sah'n:
Wir fahren wieder Autobahn,
und so haben wir dann leicht
altes Westgebiet erreicht,
wo für alle offenbar
Fahren angenehmer war.
Es ging unsre Fahrerei
an Hannover dann vorbei.
Mancher aß dann mit Genuss
eine Bockwurst in dem Bus,
und der Fahrer sagte: „Hier
gibt es Kaffee auch und Bier.“

Und so haben frisch gestärkt
wir dann bald darauf gemerkt:
Nahe ist schon Bremen, seht!
Doch dann wurde abgedreht,
bis der Bus dann in der Stadt
Oldenburg gehalten hat.

Doch nicht alle hatten wir
im Hotel dort ein Quartier.
Nur die Hälfte blieb im Ort,
und wir fuhren weiter fort,
erst mal wieder Autobahn,
dann ging's nach Bad Zwischenahn.
Das Hotel hieß „Haus am Meer",
es gefiel uns allen sehr.

Abends aßen wir dort Reis
und bezahlten keinen Preis.
Hinterher sind, erst zu viert,
wir dann noch ein Stück spaziert,
eine ging dann nicht mehr mit
und wir waren nur zu dritt.
Dann zu Hause haben gut
wir im Bett uns ausgeruht.
Morgens war'n zum zweiten Mal
wir in unserm Speisesaal
und wir haben gut gespeist,
was im Deutschen „Frühstück" heißt.
Dieses gab es schon ab sechs,
denn die Firma HAWA-TEX
lud uns alle, alt und jung,
zur Verkaufs-Veranstaltung,
wo man ganz besonders pries,

was ein Vitalizer hieß,
und das Ding ist in der Tat
ein Ozon-Luftsprudelbad,
das ganz tüchtig oder sacht
Badewasserwellen macht.
Auch den Badezusatz dann
pries man uns zum Kaufen an.
Hinterher gab's in dem Saal
noch für uns das Mittagsmahl,
und für einen Extrapreis
gab es noch ein Speiseeis.
Als wir alle so gespeist,
sind wir weiter dann gereist,
und wir kamen alle dann
wohlgemut in Bremen an,
und wir sahen, was die Stadt
jedermann zu bieten hat.
Man hat uns, wie sich's gebührt,
zu dem Marktplatz hingeführt.
Unser Führer sagte: Seht,
dort ist's, wo der Roland steht.
Auch das Rathaus ist bekannt",
sagte er uns – und verschwand.
Was besonders uns gefiel,
war das schöne Glockenspiel,
das im Böttchergassengang
drei Uhr nachmittags erklang.
Auch der Dom war wunderschön,
den wir uns dort angeseh'n.
Dann war mit dem Anschau'n Schluss,
und wir mussten zu dem Bus,
denn man machte dies uns klar:
Ein Ostfriesenabend war
für uns alle angesetzt;

wehe dem, der das nicht schätzt.
Und so fuhren wieder mal
wir in einen großen Saal.
Als wir Hunger dort gespürt,
hat man Abendbrot serviert,
Käseplatte oder Wurst
und ein Bierchen für den Durst.
Andre Leute kamen her,
Bayern und auch Dresdener.
Alle warteten gespannt,
was auf dem Programm nun stand,
als dann schließlich in der Tat
einer vor die Bühne trat,
der mit lässigem „Moin, moin!"
uns ein wenig wollt' erfreu'n.
Er hat, dies sei nicht verhehlt,
uns auch einen Witz erzählt,
wünschte uns an Freude ganz
große bei dem Holzschuhtanz.
Er hat allen uns erklärt,
was Ostfrieslands großer Wert.
Dann gab man die Diele frei,
dass noch Zeit zum Tanzen sei.
Als die Uhr dann neune schlug,
meinte man, es sei genug.
Die Veranstaltung war aus,
und man ging zum Bus hinaus,
dieser brachte uns dann schnell
wieder heim in das Hotel,
wo wir auch die zweite Nacht
je unserm Bett verbracht.

An dem nächsten Tage fand
statt die Fahrt nach Helgoland,

und das war, ich sagte schon,
auch für uns *die* Attraktion,
auf die wir uns so gefreut –
und wir haben's nicht bereut.
Weil das eine Insel ist,
stiegen schon zu früher Frist
alle in den Bus wir ein,
um zur Zeit am Schiff zu sein.
Nach dem Frühstück ging es fort,
denn wir mussten ja an Bord.
Also ging's zum Nordseestrand
zu dem Schiff, der „Helgoland",
das für uns an diesem Tag
fest in Bremerhaven lag.
Zwar kam auch ein Regenguss,
als wir saßen in dem Bus,
doch dann hat sich's aufgeklärt.
Das war uns von großem Wert.
Später machten wir dann bald
an dem Weserufer halt.
Auf die Fähre kam der Bus,
und so ging es über ‚n Fluss.
Bald schon ging es weiter dann,
und wir kamen pünktlich an,
wo schon seit geraumer Zeit
für uns schon stand das Schiff bereit.
Wir betraten dort das Deck,
und um zehn Uhr fuhr'n wir weg.
Dabei stellte sich dann ein
wunderschöner Sonnenschein,
und die See war ziemlich still,
wie man das ja haben will,
dass man auch gesund und leicht
dann das Inselland erreicht.

Als man Helgoland dann sah,
sagte jemand: „Gucke da,
gleich sind wir – es fehlt nicht viel
an dem heutigen Reiseziel.
Wie das jeden dort betrifft,
wurden wir dann ausgeschifft,
und wir kamen ohne Not
jeder in ein kleines Boot,
das dann schnelle Fahrt gemacht
und ans Ufer uns gebracht.
So betraten Hand in Hand
je zu zweit wir Helgoland,
wo man nur 'n paar Meter geht
und schon vor dem Denkmal steht,
das vor gar nicht langer Zeit
man Herrn Hoffmann hat geweiht,
der sich selbst erweitern ließ
und „von Fallersleben" hieß.
Diesen Dichter da man sieht,
denn er hat das Deutschlandlied
hier als ein Gedicht verfasst –
was du wohl gehört schon hast.
Hundertfünfzig Jahr' ist's her,
und bekannt ist es ja sehr,
weil es noch zu heut'ger Frist
unsres Staates Hymne ist.
Und so hat mit Vorbedacht
Gunther Bilder dort gemacht.

Viel Geschäfte es dort gibt,
weil es doch die Menschheit liebt,
möglichst für nur wenig Geld
einzukaufen, was gefällt.
Billiger, weil ohne Zoll,

füllt man seine Tasche voll.
Und wenn man so kaufen kann,
zieht das auch Touristen an.

Doch wir wollten dies nicht nur,
wollten auch in die Natur.
Wasser sah man ringsumher,
Möwen flogen, lärmten sehr,
Schiffe fuhr'n am Horizont,
die weit weg man sehen konnt'.
Töricht, wer zu seh'n vergisst,
wo die „Lange Anna" ist,
denn sie ist wie alle Frau'n
mit Vergnügen anzuschau'n,
wie sie nackt am Ufer steht,
rot, weil ihr so bloß sie seht.

Zu der Kirche gingen wir,
und wir weilten dort in ihr,
weil es uns da sehr gefiel
bei sehr schönem Orgelspiel.
Wir entdeckten beim Besuch:
Es lag aus ein Gästebuch
und mich schlug mein Dichtertrieb,
dass hinein ich Verse schrieb.
Doch dann mussten wir zum Kai,
denn die Zeit war bald vorbei,
die man vorher gab bekannt,
um zu sein auf Helgoland.
Käse kauften wir noch ein,
um mit ihm an Bord zu sein.
War die Tasche auch nicht voll,
mussten wir doch durch den Zoll,

und wir wurden mit der Fracht
auf dem Boot zum Schiff gebracht.
Durch die Nordsee ging die Spur
nun von Helgoland retour,
und die Sonne hat gelacht,
als man uns zurückgebracht,
und das Schiff im Abendschein
traf in Bremerhaven ein,
wo der Bus in dieser Stadt
schon auf uns gewartet hat
und erfüllt von Urlaubsglück
ging es ins Hotel zurück.
Glücklich schliefen wir dann ein,
froh, ein freier Mensch zu sein.

Dann kam mit dem Morgenschlag
schon der vierte, letzte Tag.
Dabei war für uns zuletzt
noch 'ne Schiffsfahrt angesetzt,
die geplant als Kreuzfahrtstour
auf Herrn Störtebekers Spur.
Als der Morgen wurde hell,
ging es los dann vom Hotel.
Diesmal die Stadt Emden hieß,
nach der man uns bringen ließ
schon mit unserem Gepäck,
denn es ging für immer weg.
Wieder war das Land ganz platt,
das man da gesehen hat.
Schließlich war das Ziel dann da,
wo ein kleines Schiff man sah,
das das unsre sollte sein.
Also stiegen wir dort ein.

Ausgefüllt war aller Raum,
Platz bekamen wir da kaum.
Doch bei Sonnenschein empfand
Freude auch, wer oben stand
und mit schön gebräunter Haut
auf das Wasser hat geschaut.
Als dann Borkum kam in Sicht,
hielt das Schiff dort leider nicht.
Doch bevor noch Holland kam,
es den Kurs zur Rückfahrt nahm.
Dann hat man sich angestellt,
dass das Essen man erhält,
das dann mancher stehend aß,
weil's nichts gab, wo niemand saß.

Dann hat man uns mitgeteilt,
dass wer auf dem Schiffe weilt,
billiger kauft Waren ein,
denn hier kann es zollfrei sein.
Viele nutzten das auch aus,
nahmen manches mit nach Haus.
Auch Benzins erstanden wohl
da drei Flaschen Alkohol –
was sich leicht verstehen lässt,
denn sie dachten an ein Fest,
das noch in demselben Jahr
gut zu feiern wichtig war.
Aber als es ging zum Zoll,
hatten sie die Hosen voll,
denn zwei Flaschen sind erlaubt,
die man niemandem entraubt,
aber ist es eine mehr,
dann missfällt dem Zoll das sehr.
So hab', dass man nichts entdeckt,

ich schnell eine eingesteckt,
die ich durch die Sperre trug;
dafür war ich gut genug.
Dann sprach Gunther: „Bitte sehr,
gib die Flasche wieder her!"
Dieses habe ich gemacht,
und ich habe mir gedacht,
dass von dieser Flasche auch
etwas kommt in meinen Bauch.

Also war die Schiffsfahrt aus,
und der Bus fuhr uns nach Haus.
Lange, wie sich denken lässt,
war die Fahrt, denn an Nordwest –
Deutschlands Grenze war Beginn
dieser Tour nach Zwickau hin.
Wer von dort nach Sachsen fährt,
hat ganz Deutschland fast durchquert.
Wieder nach des Fahrers Plan
fuhren wir erst Autobahn,
die um Bremen geht herum.
Unser Fahrer war nicht dumm
und hat vieles uns erklärt,
was man sonst dort nicht erfährt.
Sicher er nach Hause fuhr
bei nicht vielen Pausen nur.
Dort wo einst die Grenze stand,
war'n wir froh, dass sie verschwand.
Einer dann den Fahrer bat:
„Hören Sie auf meinen Rat:
Ehe Magdeburg erreicht,
wäre besser es vielleicht,
wenn nach Halle geht die Fahrt,
weil man Kilometer spart,

wenn man diese Richtung wagt,
so wie ich das jetzt gesagt."
Eine Weile ging das gut,
und uns war ganz froh zu Mut,
doch auf einmal sahen wir:
Eine Umleitung ist hier.
Also bogen wir rechts ein,
eine Straße sollt' das sein,
doch uns wurde gar nicht klar,
ob's nicht ein Stoppelacker war.

Als der Bus zur Kreuzung kam,
er die linke Richtung nahm,
und wir wurden fröhlich, weil
spürbar war, der Bus blieb heil.
„Es sind tausend Lichter da",
sprach, wer aus dem Fenster sah,
weil in leuchtend heller Spur
Auto dort an Auto fuhr,
eines hinterm andern her,
langsam nur war der Verkehr,
und es sprach ein Mann, dies sei
eine Autokarawanserei.

Weiter ging es, jeden freut's
bis nach Schkeuditz zu dem Kreuz,
das mit Recht den Namen trägt.
Er hat uns aufs Kreuz gelegt.
Jemand sprach dann laut: „Verkehrt
ist es, wie der Fahrer fährt."
Der schlug dann nach solchem Schrein
eine andre Richtung ein,
fuhr nach Hermsdorf erst hinaus
und von dort aus dann nach Haus.

Doch er hat auch wieder jetzt
erst die andern abgesetzt.
In der Nacht um zwei Uhr dann
kamen wir in Zwickau an.
Gunther hat in tiefster Nacht
dann sein Auto hergebracht,
und wir stiegen dankbar ein,
um zu Hause bald zu sein.

Damit endet mein Bericht.
Zeugen gibt's, ich lüge nicht.
Ich war hiermit nur bestrebt,
kundzutun, was ich erlebt
mit der Frau, die mit mir war
und Benzins, dem Ehepaar.

Hass und Liebe

Wenn Menschen bei dem Weltgeschehen
nur auf den eignen Vorteil sehen,
dazu von Hass sich lassen blenden,
wird alles im Verderben enden.

Hast du in Christus Heil gefunden,
sind Neid und Hass schnell überwunden.
Wirst du von Gottes Geist getroffen,
bist liebend du für andre offen.

Obamas Energiewende

Um den Mr. B. Obama,
Präsident der USA,
gibt es neuerdings ein Drama,
das man so noch niemals sah.

Bei den CO_2-Problemen
bleibt er plötzlich nicht mehr still.
Er will etwas unternehmen,
das er besser machen will.

Denn bei dem Die-Luft-Verpesten
– das ist lange schon bekannt –
sind die Menschen nicht die besten,
die in seinem eignen Land.

Er muss nun bei sich erklären,
so, dass dort man es versteht,
dass auch sie betroffen wären,
wenn die Erde untergeht.

Politische Hoffnung

Es wird sich manches ändern, denn
es sagt Obama: „Yes, we can!".
Ich hoffe, dass er sich nicht irrt,
denkt er, dass vieles besser wird.

Wenn leider sich die ganze Welt nicht,
wie Obama will, verhält,
bekäme er dann noch den Spott:
„Oh dear, Obama, you can not."

Liebe gegen Zeitgeist

Ich sage dieses mit Bedauern,
ich finde immer wieder Mauern,
die Menschen rings um sich errichten,
um immer mal hinein zu flüchten,
um sich in ihnen zu verbergen,
damit die anderen nicht merken:
Es gibt bei ihnen in den Ecken
so manchen Unrat zu entdecken.
Man spürt, wie heute Menschen meinen,
stets überlegen zu erscheinen
und stets Erfolge zu erzielen,
wenn mehr stets, als sie sind, sie spielen.
Ich wünsche, dass sich Liebe findet,
die solche Mauern überwindet,
weil sie mit Worten und mit Taten
nur helfen will und niemals schaden.
Gott möge seinen Geist neu geben,
dass viele solche Liebe leben.
Denn schon im Galaterbrief heißt es:
Es ist die Liebe Frucht des Geistes.

Deutsche Mauer

Die Mauer, die einst Deutschland trennte,
sie ist verschwunden mit der Wende.
Doch stellte fest ich mit Bedauern:
Es gibt auch um die Herzen Mauern.
Um diese langsam abzubauen,
braucht man von Mensch zu Mensch Vertrauen.
Und dieses kann man nicht erzwingen.
Es kann ein Wachstum nur gelingen,
wird durch erbarmungsvolles Lieben
der Argwohn aus dem Herz getrieben.

Kategorie 6: Beim Spielen mit der deutschen Sprache

Das Ehepaar Zimmermann

Wenn ich mit Zimmermanns mal sprach,
dann wirkte das im Herzen nach.
Ich dachte dabei immer dann
an Lortzings „Zar und Zimmermann".

Poetische Inspiration

Von den Menschen die Gesichter
machen manchmal mich zum Dichter.
Ihren Anblick zu genießen
macht dann, dass die Verse sprießen.
Es sind da besonders Frauen,
die es lohnt, sich anzuschauen.

Es genügt in manchen Fällen,
diese sich nur vorzustellen,
wie ich das in aller Ruhe
manchmal mit Frau N. N. tue.

Männliche Logik

Wem ich, so kommt mir in den Sinn,
an Klugheit unterlegen bin,
dem muss ich doch, so fällt mir ein,
an Dummheit überlegen sein.

Ratschlag an Verlage

Man sollte Poeten schätzen,
die noch nach Opitzschen Gesetzen
ihr dichterisches Werk verrichten
und möglichst formvollendet dichten.

An den Frieling-Verlag

Ich weiß jetzt, warum dies geschieht,
dass Sie's im März nach Leipzig zieht,
weil, das weiß ja schon jedes Kind,
im März der Frühling stets beginnt.
Weil Leipzig nun in Sachsen liegt,
man Sächsisch dort zu hören kriegt.
Und wer in die Stadt hin reist,
weiß, dass dort Frühling „Frieling“ heißt.

Wieder mal Blödsinn

Die Wäsche wird im Rheine reine,
drum wäscht er jetzt im Maine meine.
Was wir im guten Glauben klauben,
das wollen uns die Raupen rauben.
Das Rätsel von dem bösen Besen,
das werden wir beim Lesen lösen.
Verkauft hat erst ein Jude Jute,
bevor er an der Rute ruhte.
Wir müssen sie am Hintern hindern,
dass sie das mit den Mündern mindern.
Viel Mühe macht im Süden sieden,
weshalb das auch die Müden mieden.
Was wir von uns den Laien leihen,
das können wir den Weihen weihen.
Ich würde nie die Preußen preisen,
weil oft bei ihnen Reusen reißen.
Es scheute einst ein Kelte Kälte,
drum Bäume er am Felde fällte.
Wo manche unter Nöten nähten,
dann andere um Flöten flehten.

Die deutsche Sprache

Die deutsche Sprache ist genau
so weiblich wie halt eine Frau.
Das heißt, dass man sie zum Genuss
erst vorher richtig lieben muss.
Doch wer das tut, der hat Gewinn.
Ihm gibt sie sich dann willig hin,
und kurze Zeit sie schwanger geht,
bis schließlich ein Gedicht entsteht;
und wer das niederschreibt, ermisst,
wie schön die deutsche Sprache ist.
Dass man sie pflegt und gut erhält,
ist uns als Aufgabe bestellt.

Sächsische Gemütlichkeit

Ich hatte „Grün“ an einer Ampel,
und der von rechts kam, hatte „Rot“.
Und dennoch fuhr er los, der Trampel;
da hätte ich ihm fast gedroht.

Die Vikarin und Karin

In Stenn, wie die Gemeinde hieß,
ein kleiner Junge meinte dies:
Es ist jetzt die Vikarin hier,
und sie gefällt wie Karin mir.

Staatsbeamter N.

Es sagte unser Tester:
„Der Mann ist unser Bester;
doch macht er jetzt Siesta,
drum ist für Sie der Rest da.“

Umzugstransport

Als irgendwo ein Umzug war,
da bot sich dieses Bild mir dar:
Ganz langsam gingen in ein Haus
mal Leute rein, mal Leute raus.
Bedächtig haben sie's gemacht,
wenn sie etwas herausgebracht.
Da sprach ich einen Menschen an,
ob er mir denn nicht sagen kann,
warum so langsam das geschieht,
was man hier vor sich gehen sieht,
warum nicht schneller es passiert,
dass man die Sachen transportiert.
Da sagte dieser Mann zu mir:
„Es sind halt diese Leute hier,
die man jetzt sieht in unserm Ort,
so richtig Leute vom Tran-Sport.

Der Angelsachse

Am Ufer einst ein Sachse stand
mit einer Angel in der Hand.
Es hat ihn wohl gar sehr gedrängt,
dass er sich ein paar Fische fängt.

Da dachte ich bei diesem Mann:
Wie spreche ich ihn richtig an?
Geht es in deutscher Sprache noch,
wo er ein Angelsachse doch?
So einer duldet es doch nicht,
wenn anders man als englisch spricht.

Da sah er, dass ich Deutscher bin
und legte seine Angel hin
und wandte redend sich mir zu:
„Ich bin auch Sachse so wie du."

Der wandelbare Graf

(Melodie: Flieg, Maikäfer, flieg)

Es war einmal ein Graf,
den ich beim Einkauf traf,
der kaufte sich nur Bio ein.
Er wollte Biograf dort sein.
Es war einmal ein Graf.

Es war einmal ein Graf,
der war nicht immer brav;
und weil er so gern Auto fuhr,
sprach man vom Autografen nur.
Es war einmal ein Graf.

Es war einmal ein Graf,
der war das schwarze Schaf.
Er war bei Television
bekannt als Telegraf dort schon.
Es war einmal ein Graf.

Erschienen ist ein Graf
mir einmal in dem Schlaf.
Ihm jetzt, weil er paranoid
man nur als Paragrafen sieht.
Erschienen ist ein Graf.

In Sachsen-Anhalt

In Deutschland gibt es einen Ort,
der anfängt mit ‚nem Fragewort.
An dieses man dann hängen muss
von Afrika noch einen Fluss.
Doch ist er fertig da noch nicht.
Am Ende steht noch ein Gedicht.
Nun sage mir jetzt,ob du weißt,
wie dieser Ort in Deutschland heißt.

Das Biotop

In manchem Dorf, in mancher Stadt
so mancher einen Garten hat.
Jedoch auch manchem davor bangt,
dass dieser Arbeit auch verlangt,
die man in diesem machen muss.
Das ist nicht immer ein Genuss.
Will man auch ohne Arbeit Lob,
so nennt man das dann Biotop.

Das „I und das Ü“

(Sprachübung für Sachsen)

So wie das jetzt die Vielen fühlen,
muss man nach diesen Spielen spülen.
Sie bauten für die Hirten Hürden,
damit sie dann zu Wirten würden.
Man nennt auf dieser Liste Lüste,
wie man sich auf der Kiste küsste.
In Leipzig existieren Türen;
da will man mich zu vieren führen.
Es fahren in den Zügen Ziegen,
die Wasser aus den Krügen kriegen.
Die Bockwurst hier ein Brite brühte,
der sich um hohe Miete mühte.
Es stören uns auf Bühnen Bienen,
die uns doch in den Dünen dienen.
Es zwingen ihn oft trübe Triebe,
dass er sich an der Rübe riebe.
Störst du uns hier an diesen Düsen,
dann musst du es an Biesen büßen.
Dass sie sich auf den Kissen küssen,
das werden sie bald missen müssen.
Es zeigen sich die dicken Tücken,
wenn sie an diesen Stücken sticken.
Ich frage manchmal: Sind denn Sünden
die Wege, die in Minden münden?
Gar sechs schon hat der Günter Kinder,
drum stopft er ihre Münder minder.

Manfred – Mannesfrieden

Der Frau ist großes Glück beschieden,
lebt sie mit ihrem Mann in Frieden,
und dazu muss doch stets es kommen,
hat einen Manfred sie genommen.

Im Zoo

Mit Anna stand ich einmal lange
vor einer Boa-Riesenschlange.
Die Anakonda schnappte Sachen.
Die Anna konnt' da nichts mehr machen.

Kombiniertes

Wenn ich anstatt der PKW
jetzt Kombis auf der Straße seh,
dann frag' ich mich: Ist Deutschland schon
jetzt eine Kombi-Nation?

Der Edamer

Von einer Dame war bekannt,
dass gern im Mittelpunkt sie stand.
Da kam zu ihr einmal ein Er
von irgendwo des Wegs daher.
Sie ließ ihn gern zu sich herein.
Da konnten sie zusammen sein.
Er setzte sich ganz ohne Zorn
teils hinten dran und teils auch vorn.
So wurde dann in diesem Haus
aus ihr ein Edamer daraus.

Girlande und Gerlinde

Was immer als sehr schön ich nannte,
war an dem Hause die Girlande,
doch was ich noch viel schöner finde,
ist in dem Hause die Gerlinde.

Die Okarina

Hans als schönstes Instrument
stets die Okarina nennt,
weil sie, was er sehr genießt,
seine Karin ganz umschließt,
nur ist dann bei ihr noch da
vorn ein „O“ und hinten „A“,
was ihn aber gar nicht stört,
dass das da hinzugehört,
denn er denkt an Karin viel
bei dem Okarinaspiel.

Adel und Adelheid

Zwar gibt's auch beim Adel heut'
prächtige Gestalten,
doch es hat wie Adelheid
niemand sich verhalten.

So wird zwar vom Adel heut'
auch noch viel geschrieben,
doch ich kann wie Adelheid
niemand davon lieben.

Zwickau und der Schwan

Schon lange wird in Zwickau hier
der Schwan verehrt als Wappentier,
weil manchem wohl nichts Gutes schwant
bei dem, was sich hat angebahnt.

Kategorie 7: Verschiedenes

Sylvester und B. P.

Wenn draußen es jetzt lärmt und kracht
und drinnen Korken knallen,
dann denke ich an die Frau Pracht,
die schönste Frau von allen.

Sylvester und C. P.

Wenn draußen jetzt so viel Radau
und drinnen Korken knallen,
dann denk' ich an Christine Pfau,
die schönste Frau von allen.
Sylvester und A. G.

Sylvester und A. G.

Wenn man Prosit Neujahr jetzt schreit
und laut die Korken knallen,
dann denke ich an Adelheid,
die schönste Frau von allen.

Die Praxisgebühr

Entfallen ist jetzt die Gebühr,
und ich bezahle nichts dafür,
wenn ich, weil mir der Leib tut weh,
danach zu meiner Ärztin geh.

Winterliche Gedanken

Den Winter habe ich jetzt satt,
weil er so kalte Tage hat,
und es verschafft mir jetzt Verdruss,
dass durch den Schnee ich laufen muss.
Da sehne ich mich jedes Mal
nach einem warmen Sonnenstrahl.

Franz zum Geburtstag

Ich wünsche, dass noch lange Zeit
Dir Deine liebe Adelheid
ganz treu an Deiner Seite steht,
damit durch sie es gut Dir geht.

Frühlingssehnsucht

Ich hoffe, dass die Sonne bleibe
und uns den Winter bald vertreibe,
damit aus unserm Land die Kälte
verschwunden sei und zwar in Bälde.

Leipzig-Eutritzsch und ich

Wenn ich einmal an Eutritzsch denke,
denk ich auch an die Gose-Schänke,
wo einmal ich so tief gesunken,
dass ich dort Gose hab' getrunken.
Da dachte ich von dem Gebräue:
„Das ist doch etwas für die Säue!"
und schrieb in mein Gedächtnis nieder:
So etwas trinkst du niemals wieder.

Doppelter Ausgleich

Das Geld, das für die Fahrt ich gab,
das macht sich dadurch schon bezahlt,
dass ich bei ihr gesehen hab'
den Blick, der aus den Augen strahlt.

Wenn sie auch manches mir verschweigt,
so stört das meine Freude nicht,
weil, was der Blick der Augen zeigt,
weit mehr als tausend Worte spricht.

Die Befreiung

Wenn die Luft dem Darm entweicht,
hat der Körper es erreicht,
dass der Leib seit dieser Zeit
von dem Druck dann ist befreit.

Frau Elfmann und ich

(Chorsängerin in der Pauluskantorei)

Ein jeder Chor kann nur gewinnen,
wenn Leute, die mit E beginnen,
bei großen oder kleinen Werken
mitwirkend den Gesang verstärken.

Wir sahen neulich uns mit an,
wie in der Kneipe, wo wir saßen,
an unserm Nebentisch elf Mann
Elsässer Flammkuchen dort aßen.

Der Kritiker

Ein jeder denkt, er sei ein Guter.
Doch sitzt er dann vor dem Computer
und fängt ganz plötzlich an zu twittern,
dann muss die ganze Welt erzittern.

Frau Elfmann

Frau Elfmann ging mit ihrem Schatz
einmal auf den Fußballplatz.
Es traten auf dem Spielfeld dann
bald elf Mann gegen elf Mann an.

Fußball

Es nennt sich Fußball, wenn du siehst,
dass jemand einen Ball wegschießt,
und hin und wieder es gelingt,
dass man ins Tor hinein ihn bringt.

Doch weiß man, dass das dann nicht geht,
wenn jemand in dem Abseits steht,
es wird auch dann kein Tor erzielt,
wenn vorher Foul man hat gespielt.

Auch freut den Fußballkenner schon
so manche Kombination;
jedoch das Schönste ist ein Schuss,
den dann der Torwart halten muss.

An eine Raucherin

Ein Mann, der auf ihr Wohl bedacht,
hat diesen Vorschlag ihr gemacht:
Wird mal das Geld im Hause knapp,
gewöhne dir das Rauchen ab.

Du siehst doch, dass dein Ehemann
auch ohne Rauchen leben kann.
Und so erfreut es mich und ihn,
lebst bald du ohne Nikotin.

An Diana

Es war im alten Römerreich
Diana zwar den Göttern gleich,
doch war die Dame unsichtbar,
weil Phantasieprodukt sie war.
Und darum war sie es nicht wert,
dass man sie weiterhin verehrt.
Jedoch es klingt der Name schön,
darum hat man ihn auserseh'n,
dass einen Menschen man so nennt,
den mancher hier auf Erden kennt,
der so ist, wie ein Mensch sein soll,
stets freundlich, gütig, liebevoll,
der voller Kraft und Lebensmut
für andre immer Gutes tut,
auch wenn nicht andre immer so,
dass einen sie recht machen froh.
Und darum sag ich allen jetzt:
Es ist ein Tor, wer sie nicht schätzt.

Der Buchtest

Wenn mal ein Buch von dir erscheint,
dann kann ein Test es sein,
wer wirklich gut es mit dir meint,
bei wem nur alles Schein.

Ein jeder, der dich wirklich liebt,
hätt' gern im Schrank es stehn.
Da wo es Neugierde nur gibt,
will man das Buch nur sehn.

Anna und die Anakonda

Anna hat stets großes Bangen
vor Begegnungen mit Schlangen,
denn schon mancher hat von Bissen
einer Schlange sterben müssen.

Doch es war mal Herr James Bond da
und auf einmal Anna konnt' da
eine Anakonda fassen
und mit ihr sich filmen lassen.

Yvonne

Bei uns im Hause die Yvonne
läuft vor den Problemen gern davon,
und wenn sie wirklich welche hat,
dann findet großes Klagen statt:
Wer hilft mir jetzt aus meiner Not?
Ach, wäre ich doch lieber tot!
Es fehlt ihr wohl ein lieber Mann,
der sie auch richtig leiten kann.

Schweres Zurechtfinden

Im Leben Grenzen überschreiten,
dazu kann man jetzt leicht verleiten;
doch sollte man erst vorher lehren,
wie schwer oft ist zurückzukehren.

Auf der Leipziger Buchmesse

Es sagten mir zwei junge Damen,
die von der Toilette kamen:
„Ach wenn wir auf den Toiletten
doch auch, was Männer haben, hätten.
Dann brauchten wir in solchen Fällen
uns nicht so lange anzustellen.

Amanda

Manchmal sehe ich Amanda
in dem Haus auf der Veranda,
dann in ihre Küche gehen,
um dort an dem Herd zu stehen,
und da zu bestimmten Zeiten
ihre Speisen zubereiten.
Dann kann man den Mann entdecken,
der sich dieses auch lässt schmecken.
Doch zu mir hat vor vier Wochen
dieser Mann einmal gesprochen:
Gern ess' ich das Werk Amandas.
Kochen – meine Frau, sie kann das.
Doch es ist der Schweinebraten
kürzlich völlig ihr missraten.
Einmal hab ich abgebissen
und dann alles weggeschmissen.

Der Gichtgeplagte

Es kommt dieses Leiden schleichend,
was dir überhaupt nicht passt,
und du schreist mal herzerweichend,
weil du große Schmerzen hast.
Dann musst du zum Doktor gehen,
der dir irgendwas verschreibt,
und was er hat ausersehen,
schluckst du, dass der Schmerz nicht bleibt.

Darum ist das Ergebnis offen,
ob du Pech hast oder Glück.
Es beginnt das große Hoffen,
dass die Schmerzen geh'n zurück.

Hat das Schicksal dann Erbarmen,
dass es nicht so weh mehr tut,
möchtest du die Welt umarmen;
Gott sei Dank – nun wird es gut.

An meine Ärztin

Durch ihr Rezept und durch mein Beten
ist Besserung nun eingetreten
und als vom größten Schmerz Befreiter
leb' dankbar ich auf Erden weiter.

Der 13. August

Es war am 13. August.
Da machten wir mal voller Lust
von Leipzig eine Autotour,
wo Klaus am Steuer saß und fuhr.
Da fing die Margot Hönemann
mit einem Mal zu sprechen an:
„Was ich im Radio gehört,
das hat mich eben ganz verstört.
Man hat die Mauer jetzt gebaut."
Das hat uns diesen Tag versaut.

Ruhm und Ehe

Als Ehefrau ist sie die zweite.
Auch sie ist das wohl nur auf Zeit.
Gibt es mit ihr mal eine Pleite,
dann steht die dritte schon bereit.

1815 – Waterloo

Napoleon, der siegesfroh
mit Preußen hat gestritten,
der wandte sich bei Waterloo
dann stürmend gegen Briten.
Es wehrte sich zwar Wellington
stets gegen die Attacken,
doch fingen seine Leute schon
an, langsam abzusacken.

Doch sollte für ihn diese Schlacht
kein schlechtes Ende nehmen.
Er rief: „Ich wollt, es wäre Nacht
oder die Preußen kämen."

Da kam schon bald auch Blücher schon,
stieß in der Feinde Seite.
So wurde für Napoleon
die Schlacht zur großen Pleite.

Mensch und Wasser

Der Mensch nimmt trinkend Wasser auf,
lässt's durch den Körper zieh'n.
Die Blase stoppt dann dessen Lauf.
Man nennt es jetzt Urin.

Wo der dem Körper dann entflieht
– ich sag es im Vertrau'n –,
da gibt es einen Unterschied
bei Männern und bei Frau'n.

Doch ist der Toilette dann
das alles ganz egal.
Sie sendet doch von jedermann
es weiter jedesmal.

Sitzen oder Stehen

Sehr glücklich ist ein Mann zu schätzen,
macht seine Frau ihm nicht Verdruss,
dass er sich jedesmal muss setzen,
wenn er zu Hause pinkeln muss.

Die Frau will das nur dessentwegen,
weil sie es nicht verkraften kann,
dass ihr der Mann da überlegen,
denn stehend pinkelt nur der Mann.

HBK Zwickau Haus 2

Es war ein Mann, man hatte diesen
ins Krankenhaus mal eingewiesen.
Im Wirkungsfeld der Neurologen,
dort hatte er Quartier bezogen.
Was ihn in diesem Hause störte,
war, dass er öfters Krach dort hörte,
weil manche es wohl nicht genossen,
dass ihre Anstalt war geschlossen.
Und was es da so gab an Fällen
versuchte er sich vorzustellen,
und er begann, sich deren Qualen
dann in Geschichten auszumalen.

Ein Mann dort lebte in dem Wahne,
er sei in Wirklichkeit Osmane,
den einst man zum Eunuchen machte,
damit die Frauen er bewachte,
dass keine fremden Leute störten,
weil sie dem Sultan nur gehörten.
Da dachte er, wie wär's inmitten
der Frauen, wär' ich nicht verschnitten.
Dann tobte er bei dem Gedanken,
und keiner hielt ihn mehr in Schranken.
Zu ihm kam dann auch so ein Toller,
der fühlte sich als Hohenzoller
und dachte in der Zelle drinnen:
Wie kann den Weltkrieg ich gewinnen?
Er sah sich schon mit Offizieren
als Sieger durch Paris marschieren
und sah sich auch in Moskau jubeln
nun im Besitz von vielen Rubeln.

Und stets war in ihm das Begehren,
dass alle ihn als Kaiser ehren.
So litt er, weil in all den Jahren
er solche Ehrung nie erfahren.

Der Mann sah durch sein Mitempfinden
auch langsam seine Kräfte schwinden.
Wie groß war deshalb seine Freude,
als dies er hörte: Heim geht's heute!

Wider die Altersfaulheit

Wir lassen uns nicht unterkriegen.
Wir bleiben nicht im Bett nur liegen.
Es wird auch mit den alten Knochen
zu neuen Zielen aufgebrochen.

Das Ehepaar Hinz

Als einst Herr Hinz im Zimmer saß
und eifrig seine Zeitung las,
da merkte er, dass es sehr roch
und dachte sich: Was ist das doch?

Da fiel dann seiner Frau dies ein:
Ich müsste in der Küche sein.
Sie ging hinein und hat erkannt:
Es ist das Essen angebrannt.

Da hat sie ziemlich dumm geschaut.
das ganze Essen war versaut.
Der Mann nahm alles mit Humor.
So etwas kommt doch manchmal vor.

Goethe und Elsässer

Wenn ihr mir zu bedenken gebt,
„Es irrt der Mensch, solang er strebt ...",
dann setze ich das Goethewort
mit einem eignen Reime fort:
Wie schön wär's, wenn man darin irrt,
dass hier nie etwas besser wird.

Die Materialisten

Sie tun zwar so, als ob nichts wäre,
als würden sie zufrieden sein.
Doch spüren sie des Lebens Leere,
und Unmut kehrt bei ihnen ein.

Misserfolg des Bösen

So manche Frau von manchem schweigt,
obwohl es doch vor allem zeigt:
So manches Böse nicht gelingt,
weil Liebe anderes erzwingt.

Außerhalb der Kategorien:

Nachwort

Dem, der dieses Buch sich nahm
und jetzt an das Ende kam,
wünsche ich, dass dies er merkt:
Mich hat dieses Buch gestärkt,
denn da zeigte mir ein Christ
das, was wirklich wichtig ist.
Doch er soll dafür allein
Jesus Christus dankbar sein.